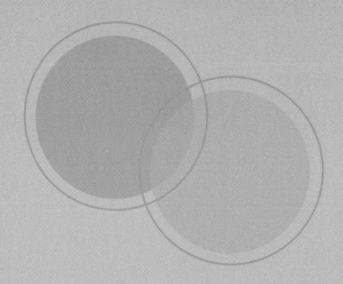

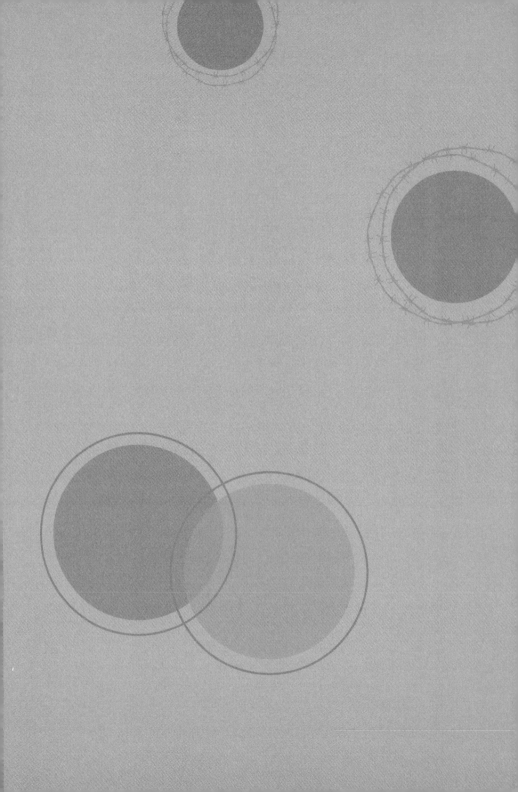

安妮・陳——著
Annie Chen, LMFT
彭臨桂——譯

情感依戀關係療法

找出你的依附類型，改變互動方式，讓你們的關係更有安全感，更親近、更持久

THE ATTACHMENT THEORY WORKBOOK

Powerful Tools to Promote Understanding, Increase Stability & Build Lasting Relationships

謹以本書獻給

我的朋友安妮・米拉爾（Annie Millar），

她的智慧與喜悅激發了許多充滿驚奇探索的旅程。

國際專家好評推薦

《情感依戀關係療法》能夠幫助有興趣的個人和伴侶，進一步了解如何將依附理論應用於生活。書中簡單的練習可以迅速完成，能使讀者更清楚自己與人相處時屬於哪種類型，並且建議他們可以從什麼方向開始自我改善。

——史丹・塔特金（Stan Tatkin），心理學博士，婚姻與家庭治療師
著有 *We Do: Saying Yes to a Relationship of Depth, True Connection, and Enduring Love*

本書以溫暖親切的方式，邀請我們認識自己與生命中重要人物的依附類型，並協助我們追求自身與關係中的安全感。《情感依戀關係療法》清晰易懂並充滿同情，提供了實用的資訊、切身相關的範例，以及許多實際的練習，讓我們做出正面的改變。

——大衛・艾略特（David Elliott）博士
Attachment Disturbances in Adults: Treatment for Comprehensive Repair 的共同作者

《情感依戀關係療法》是一本絕佳好書！書中深入探討人們應該了解的依附理論，以便將之運用在生活中。最後還提供了老少皆宜的一組實用練習！我強烈推薦本書給對自己的一些重要關係產生疑問的人。

——雪若・寇恩・葛琳（Cheryl Cohen Greene），性學博士

著有 *An Intimate Life: Sex, Love, and My Journey as a Surrogate Partner*

對於想要了解自身依附類型及其如何影響每份關係的人，我認爲《情感依戀關係療法》是最棒的資源。這本書寫得很好，內容有益，而且使用起來很有樂趣。我推薦給所有人。

——提姆・戴斯蒙（Tim Desmond）

著有 *How to Stay Human in a F*cked Up World*

所有重要的關係（無論浪漫與否）都非常需要《情感依戀關係療法》這本書，書中提供了能夠讓人獲得深入見解的實用練習，以及改善所有關係的實際作法。

——莎莉妮・達雅爾（Shalini Dayal），婚姻與家庭治療師

—國內專家激賞推薦—

這本書很適合正對感情迷惘，卻又不知道從何開始學習的人。

——莊博安，諮商心理師

我覺得這是一個非常好的探索工具，可以幫助讀者檢視自己的需求、伴侶的需求，以及雙方互動的樣貌。

——黃柏嘉，諮商心理師

本書可視爲《大腦依戀障礙》的延伸工具書，裡頭大量的工具、列表清單和問卷，讓我得到許多諮商實務上的靈感。我非常樂意推薦本書，也會極力推薦給困在「關係議題」裡的個案們閱讀。

——蘇益賢，臨床心理師

（依姓氏筆劃排列）

目錄

Chapter 2 焦慮依附型 41

Chapter 3 逃避依附型 89

Chapter 5

六種依附類型互動 181

Chapter 6

Final Chapter

前言

運用依附理論改善人際關係

在最親密的關係中，你最想要的是什麼？而你得到了嗎？如果你跟大多數人一樣，那麼這些問題的答案或許不會呼之欲出。這本練習手冊以心理學所謂的**「依附理論」**（attachment theory）爲基礎，旨在幫助你回答這些問題，並且協助你跟最在乎的人建立更穩固而持久的關係。

我身爲處理伴侶關係問題的諮詢顧問，曾經看過依附理論中的概念付諸實現，也親自見證本書中的工具能夠療癒人們並爲其拉近距離。然而，這本書並不只是寫給伴侶的；你可以利用這些練習和測驗，進一步了解所有重要的關係，不管對方是父母、兄弟姊妹或親密好友都適用。

我在此提供的練習與策略，全都有證據及實務經驗的支持；這些內容經過實證，對許多人都能發揮效用。無論你是獨自或跟親愛的人一起完成這本書，我希望到時候你都能夠更了解自己以及在乎的人。

藉由你在書中學到並與所愛之人分享的新技巧，就可以開始營造更健康、更親密也更穩固的關係。而我相信這正是大家最想要得到的。

Chapter 1

認識你的依附類型

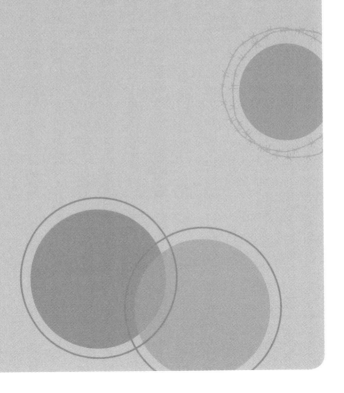

你想從人際關係中得到什麼？

身為成人的你，這些年來大概有過數十種重要的關係。我指的不只是戀愛關係，這些對象也包括父母、兄弟姊妹、朋友、導師等。在那些重要的情感依附中，有多少能真正讓你感到滿足、穩定與持久？或許不如你想要的那麼多。不過，倘若我告訴你，有一種方式能夠確保你擁有穩定、持久的親近關係呢？如果在關係中的安全感得到保障，你是否會以不同的方式體驗世界並與人親近？結果證明，一個人在與他人關係中的安全感——心理學家稱之為**「依附類型」**（**attachment style**）——是決定關係成功與否的重大因素。這本練習手冊以依附理論領域的核心見解為根據，要幫助你發現自己以及所愛之人的依附類型，目標則是學習以更健康的方式與你生命中最重要的人們和睦相處。

過去十年，我在私人執業期間遇過數百對伴侶，而依附類型的問題幾乎總會以某種形式出現。這些伴侶面對的挑戰，讓我能夠應用在研究所學到的知識。本書提供的工具和教學，就是所有相關經驗的精華，其中的練習則是為了引導你徹底了解在關係中獲得的經驗，並且協助你在最理想的關係中找到安全感。

若你跟大多數人一樣，那麼在回顧某些重要關係時，你會想起美好的回憶，但同時也會有懊悔：可能是你沒處理好的事，或是其他人並未支持你。雖然你無法改變過去，但好消息是你可以改變過去沒爲你帶來好結果的**模式**（patterns）。擁有完美父母或無瑕關係的紀錄，並非建立持久關係、穩定聯繫的必要條件。要營造安全感與親切感，唯一的需求是你願意誠實看待自己的行爲，而且相信你可以改變。我們有許多證據，證明了認眞投入發展關係就會有好的結果。研究顯示，親近、有意義的關係，能夠讓我們更健康、適應力更強，整體而言也會更快樂。請把你即將於本書中做的練習，視爲投資一個更健康、更穩定的未來。

對於關係暴力的提醒：雖然這本練習手冊有益於任何想要深入了解關係的人，但如果你的關係涉及了暴力，則不建議僅以此書做為解答。有些暴力行為確實源於依附問題，不過其中通常牽扯了更多因素，必須要有專業協助。請將這些問題告知諮詢顧問或律師。如果你目前處於暴力的關係中，請尋求必要的支持。如果你居住美國，其中一個方式是聯絡美國家暴防治熱線（National Domestic Violence Hotline）：**1-800-799-7233**。

■台灣在地資源：

113保護專線：不分縣市、24小時全天候可以用手機、市話、簡訊（聽語障人士）直撥「113」，將有專業值機社工人員與您線上對談。如果是聽語障或不便言談的朋友，也可以用手機傳簡訊至113，或利用113線上諮詢與保護專線的專業人員聯繫。

關懷E起來（https://ecare.mohw.gov.tw/#）：網路通報平台，可以在線上通報及諮詢有關家庭暴力、性侵害及兒少保護事項。

誰對你很重要？

首先，我們要確認在你生命中對你很重要的關係。這些是你最想藉由本書獲益的關係——你最想要加強的關係。

請在左方的表格填入下列內容：

1. 寫下你生命中最重要的五個人的名字。
2. 為這些關係的重要性評分，從1到10（10＝最重要）。
3. 為這些關係對你造成的壓力程度評分，從1到10（10＝壓力最大）。
4. 最後，為清單的內容排序，將你最想要開始改善的關係寫上1。

名字	他們是你的誰？是什麼讓他們成為你生命中重要的人？	有多重要？（1～10）	壓力多大？（1～10）	想要改善的優先順序（第1～5名）

各種關係的現況

列出這些人後，請思考你真正想從關係中得到什麼。在你的生命結束時，大家會記得你如何對待重要的人。想像被你所愛的人包圍，而他們回顧著你在關係中培養的正面特質。在左方寫出這些正面的關係價值，例如：誠實、幽默、支持他人，接著為你目前表現這些特質的程度評分，從1到5，1代表需要很大的改進，5代表非常滿意。

我想在最重要的關係中培養的五大正面特質：

1. ______________ 1 2 3 4 5
2. ______________ 1 2 3 4 5
3. ______________ 1 2 3 4 5

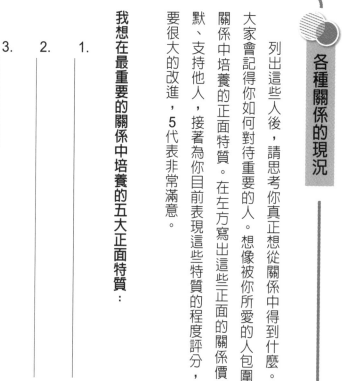

4. ＿＿＿＿ 1 2 3 4 5

5. ＿＿＿＿ 1 2 3 4 5

在探究你的關係之前，我們先思考什麼是人們在親密關係中擁有的不同關聯（或稱依附）類型。也許你聽過依附類型，甚至看過能夠協助你歸類的自助式問卷。這些依附類型是以心理學研究爲基礎，我們先大略認識一下。

什麼是依附理論？

研究學者約翰・鮑比（John Bowlby）和瑪麗・愛因斯沃（Mary Ainsworth）在二十世紀中期開始發展依附理論的核心。最初的理論認爲，當幼兒跟主要照顧者建立緊密關聯，而且主要照顧者擅於解讀他們並適時以溫暖、敏感的方式回應其需求，那麼他們在社交與情感上都會發展得更好。在鮑伯和瑪麗發展理論時，主要照顧者通常都是母親。具有這類關聯的幼兒，在成長時期會信任其他人能夠協助自己在世界上覺得安全、受到照顧與支持。這項基本假設有超過六十年的依附研究支持，並且得到神經科學、精神病學、創傷學、小兒科的專家背書。

依附研究學者發現，他們可以藉由觀察幼兒對日常壓力情境的反應，將幼兒與主要照顧者的關係特性分類。研究學者把這些反應分成三個不同的類別：**安全**（secure）、**不安全焦慮**（insecure anxious）、**不安全逃避**（insecure avoidant）。

早期的研究學者指出，受到壓力時，屬於「安全」依附類型的幼兒會明顯表現出焦慮，但不會有過度的反應。這些幼兒似乎能夠放心尋求協助，而且在與照顧者互動後，多半會較爲平靜，也準備好走出壓力事件的影響。

屬於「不安全焦慮」依附類型的幼兒，面對相同壓力事件時的反應，通常是更激烈的哭喊和焦慮。他們會尋找照顧者，卻又會拒絕照顧者試圖提供的安慰。針對這些焦慮的幼兒，研究學者觀察到跟他們互動會更加吃力，最後也無法完全安撫他們。

「不安全逃避」依附類型的幼兒，在有壓力的情況中比較不會哭泣，也表現得不想向照顧者尋求協助。對未經訓練的人而言，這些幼兒看似正常，但研究學者後來發現他們體內升高的壓力荷爾蒙指出了不同的結果。他們會受到壓力的影響，可是不會顯現出來。

隨著幼兒逐漸長大成人後，發展了**安全**、**焦慮**、**逃避**類型的依附，而且可在其關係中輕易識別出來，這一點也許不令你意外。當然，成人的關係牽涉了更多複雜的因素，但幾乎都能歸結至這一點：我們跟某人親近，開始信賴對方時，就會在有壓力的時候表現出真正的依附類型。

要完整且正確地評估你的依附類型，其實更複雜，然而如果你思考一下自己最親密的關係，大概就會有基本的概念了。想一想你跟愛人或是在長期友誼中的親近關係。在那些關係的相處過程中，你很可能遭遇過各種壓力因子。壓力大的時候，如果你通常預期可以指望關係對象提供協助和安慰，那麼你擁有的就是安全依附型。不過，我們假設你遇到了壓力，而且不會這麼自然地期望得到安全感與支持。也許你不確定關係對象會幫助你，也不覺得可以指望他們給予所需的支持。如果你發展出不安全的依附類型，無論是焦慮或逃避型，那麼你很可能會害怕被遺棄或被另一個人逼到受不了。因此，你不太會採取能讓自己好過一點的方式。

在親近的關係中，人們都會有特定的依附類型，所以有安全依附感的人通常都覺得關係對象會支持他們；而屬於另外兩種不安全依附型的人，在審視過去的關係時，可能會看到一連串不甚滿意的聯繫，也許還有讓自己感到懊悔的行爲。

看完關於安全、焦慮、逃避型的說明後，你可能會想：「我要的是安全依附型！」你會這麼想是很正常的。安全類型的人跟親近的對象在一起時會有更多的情緒安全感，更樂意與人合作，而且面對衝突時也更有彈性。不過就算是這種人，在特定情境下與人相處時，可能也無法適應良好。

無論你到目前形成了什麼傾向或依附類型，都不會侷限在這些行爲之中。過去並不會支配你的未來。從現在開始，你就可以建立更穩固的關係。這本練習手冊會幫助你做到以下這些事：

- 識別你和所愛之人的特定依附模式與行為，尤其是在有壓力或其他耗費精力的情況下。
- 學習新的工具和實際作法，藉此阻止衝突加劇並重建安全感與連結。
- 打破舊有、無用的行為模式，開始採取能夠建立持久連結的方式。

這些技巧都很值得學習，因爲你會花更多時間欣賞你在乎的人，也能夠跟他們營造更親密、持久的聯繫。而遇到困難和壓力時，你將擁有可調配的資源。

依附理論有什麼用處？

身爲關係治療師的我，會密切注意當事人的依附類型，因爲依附理論給了我很有效的方向，不只能夠識別影響特定關係的行爲，也可以從中找出模式，了解這些行爲在過去與當下如何及爲何會出現於關係之中。

這種早期學習到的依附類型，會隨時驅動著所有關係嗎？當然不會！然而，最會受到我們早期經驗影響的關係，通常都是最重要的關係，亦即我們賴以做爲情感支持的長期關係。

在我們的生命中，有些人非常類似父母在我們年輕時所扮演的角色——褓姆、支持者、個人粉絲俱樂部——他們受到我們依附類型的影響最大。浪漫關係通常就屬於這類範疇，因此較有可能讓我們展現出在早期生活中所學到的那些習慣模式。但依附模式也可能隨著其他人出現，例如親密好友、家人、上司與其他權威人士、同事與合作者。

你的依附類型其實是一張藍圖，代表你對安全與信任的基本假設。這聽起來也許很簡單，不過你的依附類型會有深遠的影響。安全與信任往往決定了你是否能夠成功與他人合作、提供與接受支持，以及處理衝突等，因此依附理論就像一張簡圖，可以讓我們了解每個人對一份關係的基礎提供了哪些基本構件。

找出你的依附類型

在你接受測驗認識自己的依附類型之前，我想要強調，這是一種協助你探索自己及關係的工具。這並不會產生任何的正式診斷，也不會明確告訴你關於你和其他人的事，因爲眞實的人複雜許多，不是只藉由一項評估就能夠理解的。除此之外，這項測驗的依據是我對依附理論的研究、心理學在此方面的探討，以及多年來在人們最開誠布公的關係中觀察所得的臨床經驗。

從下一頁開始的這項測驗，分成兩部分，會協助你了解自己屬於哪種依附類型。每一部分都會評估依附的不同面向，而這兩個部分都很重要，能夠提供對你最實用的詳細描述。請完成兩個部分的評估，所需時間應爲十至十五分鐘。

依附類型測驗

首先，想著一位你生命中特別重要的人以及你跟對方的關係。這可以是目前或曾經跟你有關係的人。除非另外指明，否則以下提及這份關係時會使用「夥伴」（partner）和「關係」（relationship）等用語。

為了方便使用，這項測驗已經設有互動式線上格式。若要匿名接受測驗並收到自動評分的結果，請造訪：www.attachmentquiz.com/quiz。如果你是在線上接受測驗，那麼看完結果後，請直接跳至第38頁的「如何利用本書」。

第一部分：依附不安全感／安全感

這部分的測驗要探討你對關係的感覺與看法。填答的項目會先集中於你的感受（你的不安全感分數），然後是你為了使關係變得安穩而產生的想法與作法（你的安全感分數）。

評分量表：使用左方的量表對以下每一則陳述評分。

0 很少這樣　1 有時這樣　2 經常這樣

1. 我在關係中會忘記自己是誰。 ____
2. 我在關係中傾向於忽略自己。 ____
3. 我會對先前做的妥協感到憤怒。 ____
4. 只有在夥伴真正想要而為了我做某件事才算數，我自己要求的不算。 ____
5. 當我向夥伴要求某事，達成以後，我還是有可能覺得不滿意。 ____
6. 我覺得被夥伴誤解了。 ____
7. 夥伴無法實現承諾時，我會覺得這是特別針對我。 ____
8. 儘管我真的懷著好意，但夥伴還是覺得我做的某件事很無情，這讓我覺得很不高興。 ____

9. 我會擔心夥伴跟我是否在本質上差異過大。____

10. 我在開口尋求協助之前會掙扎很久。____

11. 我認為父母很難以喜愛與驕傲的方式看待我。____

12. 我真的很討厭關係中發生令我覺得不公平的事。____

總結：將數字相加，得到你的不安全感總分：____

了解你的不安全感分數

這些陳述探索的是，你如何在感情上對關係中的差異、複雜性及依附壓力做出反應。不安全感分數愈高，親近的關係就愈可能讓你覺得難以承受。

14～24：高。親密關係讓你處理得很辛苦，位於不穩定的邊緣。有壓力情況發生時，你很快就會假設夥伴反對你，而你通常也會真的對那種假設做出反應。

7～13：中。親近的關係可能對你造成壓力。你愈依賴某個人，事情可能就會變得愈混亂、愈有壓力。即使夥伴做出合理的保證，你有時還是會害怕被遺棄或覺得陷入了困境。

0～6：低。你獨處時很自在，不過在關係中得到愛與支持的時候，你也會盡力做到最好。

現在，我們要將重點從感情方面的不安全感，轉到你如何主動在關係中獲得安全感。比起你的感受，這些項目較著重於你的看法以及行為。

評分量表：使用左方的量表對下頁每一則陳述評分。

- **0** 很少這樣
- **1** 有時這樣
- **2** 經常這樣

1. 關係中的分離與親密要達到平衡很容易。
2. 我的夥伴可以隨其所需改變與成長，這並不是威脅。
3. 向夥伴做出承諾並加以實現，對我而言很容易。
4. 我需要夥伴，正如夥伴也需要我。
5. 如果跟夥伴之間有無法解決的事，我可以耐心等待合適的解決方法出現。
6. 儘管雙方都沒有錯，我們還是可能會有衝突。
7. 我會把一切告訴夥伴。如果我沒提及某件事，是因為我完全確定那不會對夥伴造成困擾。
8. 夥伴和我意見不合時，我會努力找出雙贏的解決之道。
9. 我為了完全傾聽夥伴而暫緩自己的需求時，我相信那些需求最後都能獲得解決。
10. 無論我想要什麼，可以直接跟夥伴說，而且通常都能達成。
11. 夥伴跟我吵架時，我會主動努力讓雙方的情緒恢復正常。

12. 過去的關係結束時，都是雙方達到共識並經過深思熟慮的決定。

總結：將數字相加，得到你的安全感總分：

了解你的安全感分數

關於這項分數，有一點很重要，那就是如果你還不習慣這些事，你是可以學習的。就算你在不安全感量表得到的分數很高，還是可以擁有具安全感的關係。

18～24：高。你的關係對你而言是一種資源，其中一部分原因是你盡力確保你和夥伴會彼此照料。別人表現出不當的行為時，你通常會採取積極的行動。無論事情造成的壓力有多大，你都會盡量不受影響。安全感分數高且不安全感分數低時，表示為安全依附型，這會在第四章中討論。

9~17：中。關係對你很重要，而你會盡量表現出最好的一面。你甚至可能知道如何處理困難的關係，不過事情造成壓力時，你就會忘記那一切。你知道自己可以做得更好，也知道生命中的關係值得努力維持。

0~8：低。你很難建立穩定並具有安全感的關係。好消息是透過資訊與練習，你就可以改善自己的能力，營造出健全且更理想的關係。

第二部分：表達不安全感

這個部分的測驗會協助你探索在焦慮或逃避的模式中表達不安全感的頻率。即使目前你的分數代表了安全依附型，還是會以各種不同的方式回應壓力，因此這部分的測驗適用於每一個人。以下各題都有兩種選項；請選擇對你而言較常發生的選項。題目有關聯時，請繼續想著你在第一部分測驗時所選的同一份關係。

我在以下這種時候比較沒有耐心：

□ 人們不了解我。

□ 我在做不喜歡的事情時，會覺得被困住了。

當展開一段可能很重要的新關係時，如果對方有以下的行為，會是致命傷：

□ 不肯努力。

□ 太過強勢。

衝突對我而言是：

□ 讓我的鬱悶得到紓解的機會。

□ 通常不會有結果。

對夥伴感到不高興時，我會：

□ 一定要向對方表達出來。

□ 偏好自己把事情想清楚。

在關係中，以下這種感覺讓我覺得最糟：

□ 被遺棄或拒絕。

□ 受到壓力或被侵犯。

在關係中，我想要有以下的感覺：

□ 盡可能跟夥伴有連結。

□ 安心自在。

我被壓得喘不過氣來時，做以下的事會覺得好一點：

□向某個人發洩。

□找別的事情分心（運動、物質、工作等）。

我沒告訴夥伴某些事情，原因是：

□對方可能會不高興並拒絕我。

□這是我的事，對方不必知道。

夥伴比較可能會抱怨我的地方是：

□批評對方並挑毛病。

□無法像對方想要的那樣投入。

我們分開的時候，我會：

□覺得難過或孤單。

□因為有自己的時間而鬆了口氣。

夥伴令我傷心時，我在以下情況會恢復：

□當我從對方那裡得到我所要的。

□我自己很快就會恢復了。

關於我的事，我比較不喜歡夥伴對其朋友有以下的行為：

□什麼都不說。

□說些令我難堪的事。

計分

計算右表選擇的數量，再乘以2得到分數。

＿＿＿＿＝焦慮型分數

計算右表選擇的數量，再乘以2得到分數。

＿＿＿＿＝逃避型分數

如果其中一項分數達到18分或更高，這可能就是你用來表達關係不安全感的主要類型。如果兩項分數都低於18分，那麼或許你並不屬於這兩種類型；你的表現算是兩種類型的結合。你會在專門探討焦慮型（第二章）與逃避型（第三章）的章節中深入了解其中的意義。即使你在某一個類型的分數較高，這兩個章節對你還是很實用的。

如何利用本書

除了協助你了解自己的依附模式與傾向，這本書也會協助你識別最親近的人所表現的模式。如果你在依附測驗第二部分的焦慮型或逃避型其中一項得分較高，那麼你可以先跳到相關章節，進一步了解其中的意義，並知道你可以做些什麼。

爲了讓本書對你發揮最大的效用，請規畫學習完所有的章節。跟你有關係的人們可能會屬於各種依附類型，從安全型到不安全型，從焦慮型到逃避型都有，所以其他章節會幫助你了解那些類型。

除此之外，依附類型是息息相關的，例如你的分數從整體上看來是屬於安全依附型，但或許你在不安全焦慮型這方面的分數也會滿高的。最後，不同的人（例如兩位愛人）可能會帶出你不同的傾向，而這有一部分是針對對方的依附類型所做出的反應。仔細研讀所有章節對你最有助益。

這本手冊中的練習，是爲了促進你覺察（be aware）並了解自己與他人。完成練習時，如果過去的經歷引發了令你困擾的回憶或難以承受的感覺，請停止閱讀或書寫，去做一些能夠幫助你穩定下來的事情，像是洗碗、散步、打電話給朋友，或者來一場迅速專注的冥想。你可以稍後再回來練習，不過你要先平靜下來，或是獲得了諮詢顧問的支持，再進一步探索本書的主題以及你對書中內容的反應。

最後，我建議你爲自己安排休息時間。別試著一口氣完成整本練習手冊！請你一定要睡得飽、吃得好、喝水、找朋友，並且出去休息做點活動。休息不只能讓整個過程變得更有樂趣，也會讓你在研讀本書時有時間沉澱心得。

本章摘要

- 依附理論只會說明人們在關係中依賴他人時，可能會體驗到的壓力。這並不是占星術或對個性的解釋。
- 人們對此壓力的反應模式，是從他們非常年輕時在關係中的經驗自然發展而來。
- 屬於不安全依附型的人，其行為模式可能會在關係中造成麻煩。
- 本書可以協助你檢視自己的反應，並且探索真正改變的可能性。

Chapter 2

焦慮依附型

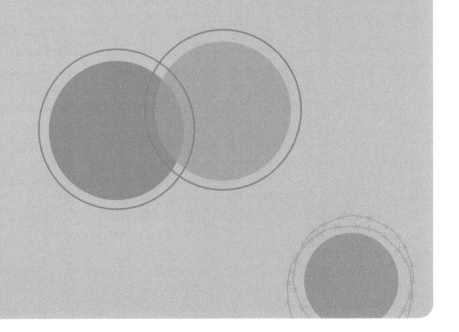

如果你在依附測驗第二部分（第34頁）的分數被歸類爲焦慮型，那麼本章將會協助你進一步了解其中的涵義，讓你知道可以怎麼做。分數愈高，你就愈可能藉由焦慮表達對關係的不安全感。本章會先描述與這種依附類型相關的特徵，接著提供資訊與練習，協助你明白這種類型在關係中的表現（你或夥伴是焦慮依附型）、學習接受自己與他人、培養清楚溝通的技巧，並且學習運用讓你覺得更有安全感的方式來鞏固關係。

焦慮類型的特徵

依附理論關注親密關係中的安全感與信任。在測驗中的不安全感部分，如果分數愈高，你就愈難在親近關係中感到徹底的安全與信任，而且此情況可能是受到你的焦慮依附模式的負面影響。如果你的不安全感分數低，即使在焦慮類型得到了最高分，你的焦慮模式可能只會在少數情況下對關係造成負面效果。

焦慮依附型的人：

- 可能會對他們在乎的人極為大方體貼。
- 對認為自己遭到遺棄的事很敏感。
- 很樂意把自己的感受告訴別人。
- 傾向將自己的情緒歸咎他人（是你讓我有這種感覺的！）。

屬於焦慮依附型的人，最恐懼的就是被遺棄。這種恐懼就算是從小地方觸發，也會導致他們感到恐慌。也許他們會表達自己需要支持，但其溝通方式最後可能會將他們需要的人推開。他們容易感到絕望，也會提前表現出失望。正因如此，即使他們的需求很急迫，但尋求支持的方式往往會造成他人的驚懼或反感。

以下有一些例子，是我在執業時遇過屬於焦慮依附型的人。請注意，在本書的範例中，所有與當事人相關的細節都已經過修改。

案例

二十多歲的艾夏，注意到自己生活中的一種模式：她可以交到好朋友並跟對方非常親近，但在幾年內就會變得疏遠，原因是她會對朋友的興趣和友誼裡不包括她，而感到憤怒與嫉妒。

諾拉的丈夫戴米恩是消防員，一次輪班要四十八小時。戴米恩在家時，他們會過得很開心，可是他離家工作時，諾拉就會心煩意亂並感到憂鬱。她經常會傳簡訊問他在做什麼。如果戴米恩沒在幾分鐘內回覆，諾拉就會更焦慮。

布魯諾是個開朗外向的人，在上一段關係於一片混亂中結束後，他開始有了約會對象。以前，只要一有建立起關係的徵兆，他就會投入「一切」，不過後來他會擔心這麼做到底好不好。他想知道怎麼繼續保有熱情、善於表達的自己，又不會犯下跟過往一樣的錯誤。

記住，依附類型的範圍很廣，而許多屬於不安全依附型的人，會在許多時候同時表現出焦慮和逃避的模式。在以下的內容裡，你可能也會發現生命中的重要人物屬於這種類型，例如父母、以前或現在的情人，或是其他人。

自我覺察

以下的內容和練習，旨在協助你確認自己的焦慮模式。我希望你在閱讀本章時，能夠採取想了解自己以及重要關係的好奇態度，而不是帶有指責或批評。若要了解關於自己的新資訊，並且提高動機來改變不適合自己的行為，保有開放與好奇的心態才是最好的方式。

你的焦慮依附感受

產生焦慮依附的人們會有一些共同的感受。閱讀此部分的描述時，你可以思考一下內容跟你在關係中的體驗有多麼類似。如果某方面並不符合，也不必擔心。然而，如果有你確認符合之處，或許你會因爲知道自己並不孤單而感到安慰。我在這裡描述的模式是非常普遍的。

如果你屬於焦慮類型，那麼你會喜歡與人依附的概念，而浪漫依附對你特別有吸引力。能夠有某個特別的人讓你吐露心事、與你互相扶持，感覺眞的很棒。你對理想關係的幻想是夥伴能夠「懂」你，直達你的內心深處。當你展開一段新關係時，會很重視承諾，或是對方有沒有可能眞正了解你。如果你覺得對方理解你，那麼你們就可以依附並成爲長期的朋友或夥伴。如果你不覺得受到關心，或者另一個人不「懂」你，那麼你就不太可能想要繼續那段關係。

一旦你投入其中，麻煩可能就會開始出現。剛開始看似理想的那個人，既體貼又明理，結果後來被其他事情嚇到或分心，這時你才想起原來人們不一定都是表面上看起來的那樣。你從小在心裡就有一套劇本，寫著你信賴別人的時候可能會有什麼情況，例如：「我需要他們……可是他們會讓我失望。」你有跟他人連結的渴望，這通常表示你會過度聚焦於另一個人身上，總是把對方放在第一位，卻會在你的需求未獲得滿足時感到不開心。你想要付出和接受，擁有最深的連結。

當你開始在關係中感到焦慮，即使是小事也會讓你覺得受傷很深，就像是你所害怕的背叛已經發生了似的。在那些時刻，你真的需要也想要得到支持。你可以想像自己獲得那樣的支持，可是你會非常不安地懷疑所愛的人是否站在自己這邊。即使你努力嘗試了，還是跟渴望擁有的連結失之交臂。這會讓你更憂傷。你大概不只一次對自己說：「我已經不知道該怎麼辦了。」

當你完全展現出焦慮型的樣子，就會威脅關係對象，下最後通牒，說出和做出之後會讓你後悔的事，例如：「我恨你」、「我要離婚」或是「你一點也不在乎我」。雖然你不會為這種行為感到自豪，不過在一時激動的情況下，你不覺得自己有選擇的餘地。你必須表現出自己有多麼痛苦。你希望所愛的人會注意到，最終提供你渴望的安全感；結果，你的行為反而推開了對方。

最後，危機過去，而你解決了問題。但這次事件加深了你熟悉的傷痛與看法：你愛的人無法依靠。雖然你還是想要那種連結，不過你懷疑自己是否太需要關懷了，以至於沒人想應付你。你知道自己要得更多，但是你給的也更多。

依附理論告訴我們，這種施與受的模式是你學會的，儘管這可能並不適合你。或許你小時候曾經為了幫助處境艱困的父親或母親好過一點，而處於不公平的情況。當然，那時你順從了，因為在我們的生存取決於某個人是否安好時，我們就會這麼做，會努力幫忙。不過，從發展上來看，當你在具有照顧好自己的資源之前被要求這麼做，其實是出於生存焦慮才會答應的，而這會讓你產生根深柢固的觀念，認爲要得到某人的愛就必須這麼做。因此，你在最親近的關係中，很習慣扮演救援者並過度表現，但也會過度要求。

你可能有不愉快的童年記憶，對父母其中一方或雙方給你的關係和照顧感到不滿。你至少有一個照顧者（即使是外婆或褓姆也算）在你遇到重要情況和性格成形的期間，扮演了關鍵角色，而你記得有些時候自己是眞正地被愛。但這是一種反覆無常的體驗；你無法相信愛會在你需要的時候出現。現在當你的關係加深，對另一個人的依賴也增加，這種反覆無常的感受就會逼得你快發瘋了。

焦慮依附評分

記住，沒有任何一種描述能夠完美地適用於每一個人，不過要是你的分數代表了焦慮依附，你在讀到先前的描述時可能會有同感。當你想起親近關係中某些最重要的經驗，你會認為那些描述有多準確呢？將你認為對應的分數圈起來。

完全不準確 1 2 3 4 5 6 7 8 9 10 完全準確

描述中的哪些部分最符合你？

焦慮依附在關係中的特徵

焦慮依附型的人一般會在焦慮觸發時表現得很戲劇性。他們不是故意這樣的，只是以特有的方式在回應自己的痛苦。他們不一定會意識到自己的反應模式，而且在被觸發時很容易就開始批評或態度惱人。他們會以威脅關係的方式衝動行事，最後導致自己的努力失敗，無法維持穩定與充滿愛的聯繫。

焦慮依附型的人也可能會自我矛盾。他們想要你的支持，可是一旦他們被觸發，就會心煩意亂到幾乎無法跟你相處。焦慮依附型的人會使關係有更多的起伏。他們的焦慮會產生一種週期：付出、憤恨、抱怨、苛求、暫時滿足，接著又是再次付出。

人們嘗試透過指責、憤怒、內疚或嘮叨來滿足需求時，在當下很少意識到這種方式會讓身邊的人感到非常焦慮，並且耗費他們的**關係資本**（relationship capital），這是指人們共同營造的善意能夠讓一份關係足以面對挑戰。婚姻研究員約翰・高特曼（**John Gottman**）指出，伴侶之間每一次的負面感覺或互動，至少都需要五次正面互動，才能夠維持快樂、健康的關係。爲了恢復和平，人們可能會因爲付出有好處而讓步，這是可以強化關係的正面方式，但他們也可能覺得自己是被強迫而讓步的。最後，這種藉由苛求來達到目標的方式，就會耗費關係資本。

有一對伴侶喬治和譚雅，就是因爲這種變動起伏的關係而陷入危機。喬治和譚雅交往八年。兩人的工作壓力都很大，喬治在學術圈，譚雅則是律師。一般都是喬治先回家，等待譚雅下班，她通常會晚幾個鐘頭。譚雅到家時，喬治會很想跟她說話，可是譚雅只想吃晚餐、看電影，好好放鬆一下。她感覺到喬治的焦慮，於是態度開始偏向逃避，設法拖延與喬治之間的漫長夜晚談話。她可能會在回家途中去雜貨店，或是一進家門就立刻出去遛狗。等到她「有空」理喬治時，他已經變得沮喪又難相處。

「妳根本不關心我。」喬治會這麼抱怨。譚雅對此非常反感，但還是忍受著，要不然他們就會吵得更嚴重。

從喬治的角度來看，他並未故意做出任何適得其反或刻薄的事；他只是希望自己跟譚雅之間能感覺更緊密一點。喬治以他覺得自然與熟悉的方式來表達自己，卻不知道這種行爲對譚雅的影響，或是這份關係對她而言變得壓力有多大。這種即將爆發的衝突讓他們耗費了許多關係資本，最後也沒有足夠的正面互動能夠重建好關係。

毫無節制的焦慮行爲與溝通模式會使關係產生負擔，並且耗費關係資本。如果未補充資本，也許你的關係不會結束，但是雙方最後都會感受到那種壓力對彼此的相處品質所造成的影響。

找出你的焦慮依附模式

我們來做一項練習，這會幫助你了解自己的焦慮依附行為到底是什麼。你將會深入挖掘一段不舒服的經驗，然而，這麼做的目標是協助你明白這種依附類型對你的關係有何影響。

1. 想一想在某段關係中讓你覺得不悅或不舒服的事。是什麼觸發這種感覺的？

範例：

我因爲食物中毒而開會遲到，結果我的老闆發飆了。我的夥伴在一位朋友面前取笑我。

■ 觸發我不悅或不舒服感受的事件：

2. 每個人會因事件而感到受傷的原因都不一樣。如果我們放大你剛才提到的那段經驗，其中對你來說最糟的部分是什麼？

範例：

我敬重的人不贊同我。

有人在我解釋之前就對我生氣了。

我對無法幫忙或改變的事，感到羞愧。

我覺得自己什麼事都做不好。

■ **對我而言，事件中最糟的部分是：**

你願意了解自己的感受與經驗，探索它們為何以獨特的方式影響你，這真是太好了！這樣了解自己，對處理你的感受有很大的幫助。

這裡還有一個額外的練習；雖然這並非必要，可是對了解你生命中的這種感受模式極有助益。以下有一段從出生到二十歲的時間軸。我們生命中前二十年的經驗對性格的形成非常重要。如果我們在這段期間無法得到幫助，處理我們認為並覺得困難的事情，就會影響後來看待他人與自己的方式。

想一想你生命中的前二十年。你記得自己何時有那種感受或經驗，或是有類似的情況？在時間軸上以×劃記。

年齡																			
1	2	3	4	5	6	7	8	9	10	11	12	13	14	15	16	17	18	19	20

那些會引發強烈感受的事件，大多是因為那種感受起源於早期的生活。你有在這段時間軸上劃×嗎？如果有，這是很正常的。接著在時間軸前進，在你記得有這種感受的年齡上劃×。試著至少在時間軸上劃三個×記號，而且你想劃記多少都可以。想一想你在家中、學校、工作、教會時跟人相處的經驗。

放下你的筆，深吸一口氣。你目前正在檢視生命中這種感受或經驗的舊版本。看著時間軸，思考下列問題：

1. 整體看起來如何？×記號有集中在一個區域嗎？或者是分散的？
2. 有令你感到意外的地方嗎？
3. 有沒有哪種特定的關係會讓你更常經歷這種感受？
4. 是否有任何人事物曾經協助你更容易度過這種感受？

覺察他人

依附模式也會在關係中的對象感到壓力時出現。了解你自己只是方程式的一部分；另一個部分是認識並理解到，跟你處在關係中的人展現了哪種依附模式。這是讓你處理衝突與避免誤解的最佳機會。

在第五章中，我們會探討所有依附類型配對的組合，不過現在我們先探討如果關係夥伴屬於焦慮依附型的人，你會有什麼感受。

你對他人表現出焦慮依附時的感受

跟表現出焦慮依附型的人處於關係中，感覺可能就像在應付一位憤怒的顧客，一邊還要做服務櫃檯的工作。當人們顯現出依附的焦慮模式，他們表達的程度會增加；也就是說，無論透過言語或行爲，他們都會讓你知道他們不高興。他們的抱怨可能聽起來言之有理，不過他們也會變得憤怒或挑剔，讓人很難好意相待。經過一段時間後，如果只有你在客服櫃檯值班，那麼你可能會覺得受不了且洩氣。如果你過去曾經被不公平對待，甚至可能會覺得被另一個人的焦慮苛求傷害了。

即使平常的你很能幹，在跟焦慮依附型的人發生衝突時，你還是會覺得很難堅持自己的立場。屬於不安全焦慮的人通常都能言善道。其實，這類型的人有很多都會不停地說話，因爲沉默會使他們更焦慮。

如果你愛那個人，你心中可能會有一部分眞的想要做些什麼來幫助並支持對方。另一部分的你可能不想這麼做，因爲當下的對方似乎沒那麼可愛或懷有愛意，對吧？或者也有可能是對方的行爲觸發了你自己與依附相關的壓力模式，原因則是你如此依賴的人竟然對你這麼生氣。

很多人對這種不穩定的變動起伏會有以下兩種反應：他們要不是真的很努力想讓陷入焦慮的愛人開心，要不就是冷淡以對並離開現場，好讓自己免於遭受攻擊。這兩種回應都不算是長久之計。第一種方式如果少了適度的覺察與界限，就會使你筋疲力盡，而第二種方式只會讓焦慮的對象變得更焦慮。

長期來看，焦慮依附型的人似乎會習慣性地抱持負面態度，最後變得不可能滿足。即使你盡己所能要符合對方的需求，他們還是會有抱怨。

我時常聽見大家對展現出焦慮依附行為的人有這些抱怨：

- 他們很憤怒，態度惱人，愛批評，而且苛求又難相處。
- 他們無法滿足，總是對某件事不滿意。
- 他們「很難伺候」。

這些行為可能會令人倒胃口。在低潮時刻，你對這份關係的士氣會降低。如果這些低潮時刻時常發生，你會開始懷疑這份關係是否值得如此努力。當你跟焦慮依附型的人有親密關係，這些情況就會很常見，但你可以做一些事確保自己不會燃燒殆盡。

認識關係倦怠

第一步是要在早期能夠修補的時候，知道發生的情況。什麼是你付出太多而開始倦怠的跡象？學習識別這些跡象，能夠有效監控你的精力與界限，而且不必指責或批評別人。

如果你發現以下行為在關係中「有時候會發生」，請勾選一次，如果「經常發生」則勾選兩次：

- □ □ 批評你自己或另一個人。
- □ □ 過度關注另一個人。
- □ □ 做事情時分心，例如工作。
- □ □ 忘記運動。
- □ □ 忽略正常飲食。
- □ □ 失眠。

□ □ 對你喜歡的活動失去興趣。
□ □ 覺得你沒有足夠的時間跟生命中的其他人相處。
□ □ 覺得憤恨不平。
□ □ 覺得消耗殆盡。
□ □ 覺得沮喪。
□ □ 覺得焦慮。
□ □ 覺得你無法完全做自己。
□ □ 覺得擔憂。
□ □ 覺得你永遠必須處於「開機」狀態。
□ □ 覺得你無法說不。
□ □ 覺得體內有某種感覺（例如頭痛、緊繃、麻木）：＿＿＿＿

＿＿＿＿

□ □ 其他：＿＿＿＿

你勾選的內容可能是很好的指標，能讓你知道自己達到了某方面的極限。如果放任這種情況繼續下去，你可能就會受到影響，最後這份關係也會產生負面結果。試著盡量處理這些問題，而且你一定要運動、正常飲食，並在必要的時候尋求醫療協助。對於處理起來更為複雜的問題，例如緊張關係與憤恨不平，請將其視為早期徵兆，並跟你的夥伴討論如何開始做出改變。

如何應對其他人的焦慮依附

記住，焦慮依附反應的重點，在於害怕被遺棄以及懷疑無法滿足關係中的需求。焦慮依附行爲可能會讓你感到意外，因爲相對於察覺（perceive）到的威脅，這些行爲似乎過度誇張了。甚至連產生這些反應的本人都可能會嚇一跳！

請務必記得，雖然我們所愛的人會在不開心或覺得被遺棄時，做出令人不愉快的反應，但他們並不是故意的。他們可能不知道自己對你有很大的影響。大多數人都不會完全意識到自己給人的印象。他們只是以熟悉的方式表達，試圖滿足自己的需求。

我們來看看湯姆如何幫助夥伴桑妮處理焦慮依附產生的情況。桑妮和湯姆在五個月前訂婚，最近開始同居。儘管桑妮對訂婚的事感到開心，可是想到要永遠依靠湯姆這件事，觸發了桑妮的焦慮依附。湯姆經常情緒不好，而惱怒變成了挑剔。桑妮有一連串的抱怨，包括說湯姆是個「大老粗」。桑妮會指派清潔工作給湯姆，並在湯姆未達到她的標準時批評。湯姆也沒爲了改善這種起伏的情況而多做什麼。他只是依照吩咐做事，被動等待著必然發生的抱怨，然後在桑妮挑剔批評時生悶氣。

治療時，他們願意嘗試不同的方式。在達成共識讓湯姆拖地板之後，他們試了一種新方法。

「這個星期的地板看起來如何？」湯姆問道。

「不好。」桑妮露出不贊同的表情。

「確切來說是什麼不夠好？」湯姆追問。

「我看到角落還是有灰塵。」桑妮回答：「你就是不夠仔細。我就知道這行不通的。現在我還是得重做了。」

「停！」湯姆明確地說：「妳不必那樣做。清潔地板是我的工作。告訴我哪裡不好，接下來幾天我會改善。」

桑妮鬆了口氣，心裡覺得好多了。雖然地板的乾淨度還是沒有達到桑妮的確切標準，不過至少現在桑妮可以信任她的夥伴。

在這場互動中，湯姆知道桑妮的焦慮依附發作了，於是他主導情況帶領他們度過。湯姆沒有維持被動，而是主動尋求回應，給了桑妮一項指令：「停！」並且設下期望：「接下來幾天我會改善。」這會建立一種新的模式，對他們都有更好的結果。

緩解焦慮依附情況

在湯姆和桑妮的例子後，這項練習會協助識別你在跟焦慮依附型的人發生衝突時，所採取的處理方式。想一想你生命中有誰的態度惱人，並且以批評或悲觀的方式表達需求。

你對他們表現出這種行為時的自然反應是什麼？

接著他們通常會有什麼反應？

識別出那種模式以後，想一想你在對焦慮依附做出反應時，採取什麼行為可能比較有用。這裡有一些建議，可以在你所愛的人處於恐慌或焦慮時提供幫助。在你已經做過或嘗試過的選項上劃記。

□ 安慰對方。「我在這裡。」「我哪裡也不去。」

□ 以適合這份關係的方式親近與接觸。如果對方是你的愛人，請滿懷著愛觸摸並擁抱。如果不是，請走上前，和善地跟對方眼神接觸並露出笑容，如果合適的話，可以握住對方的手。

□主導情勢。以清楚簡單的指令協助處理對方的焦慮。對陷入恐慌狀態的人使用短句，他會比較容易明白。「停止。」「慢下來。」「告訴我好消息。」「給我一點時間思考。」

□調整他們的期望。「我們過幾分鐘再談那件事好了，先等我們冷靜下來。」「等我們完成這件事以後再談吧。」

□尋求明確的回應。「你覺得這次我們討論的方式如何？」

下次你遇到焦慮行為的時候，會想要採取哪些方式呢？請寫在左側，當成你在關係中跟焦慮對象相處時的具體作法：

學習接受

我很讚賞你的勇氣與好奇心，願意認識依附不安全感並探索在你關係中的焦慮依附，這對你來說可能是全新的事物。你已經認識到自己的反應會被觸發，有一部分原因是你對依靠某人這件事感到不確定，而那種反應會對關係施加不必要的壓力，阻礙你們親近。下一步是要採取接受的態度。

接受自己

大腦傾向於接受喜歡或熟悉的事物，並且忽視不喜歡和不熟悉的。這很正常，但如果要適應新的經驗並接受自己不好的一面，就會變得困難，儘管這表示我們仍繼續做著對自己或關係不好的事。

若要接納新的行爲，我們必須有足夠的精力與動機做出改變，否則就不太可能投入必要的努力，去適應新的資訊和現實。接受（acceptance）能夠讓我們釋放用於抗拒或躲避事物的精力，藉此獲得學習的空間，並以更有效益的方式利用這種精力。

描繪你的情緒

情緒有心理與生理的要素，我們可能會對其中一種或這兩種都產生抗拒。將注意力轉向與某種情緒相關的身體感受，可以幫助我們更容易接受那種情緒。由於憤怒是非常強而有力的情緒，所以請嘗試以下的練習，看看對你的效果如何。

回想你上一次對親近的人生氣是什麼情況。你能稍微回想那種感覺嗎？你的身體哪個部位感受到了？（例如：在我的胸口上半部。）

想像那種感覺的大小／形狀／溫度／顏色／品質。（例如：感覺像胃裡有一顆胡亂旋轉的球。）

何時發生的？（例如：一個鐘頭前。當我知道無法得到我所要的時候。）

用筆在你感受到的身體部位做記號。

現在，深吸一口氣。就連想像憤怒，也會把那種感覺帶進你的身體！要知道有時候這種感覺會在你的體內，有時候則不是。練習告訴自己：沒必要抗拒。當這種感覺出現的時候，試著接受它的存在，並且對它出現的原因保持開放或甚至好奇的態度。學習以這種方式處理強烈的情緒，在你被觸發的時候會很有幫助。

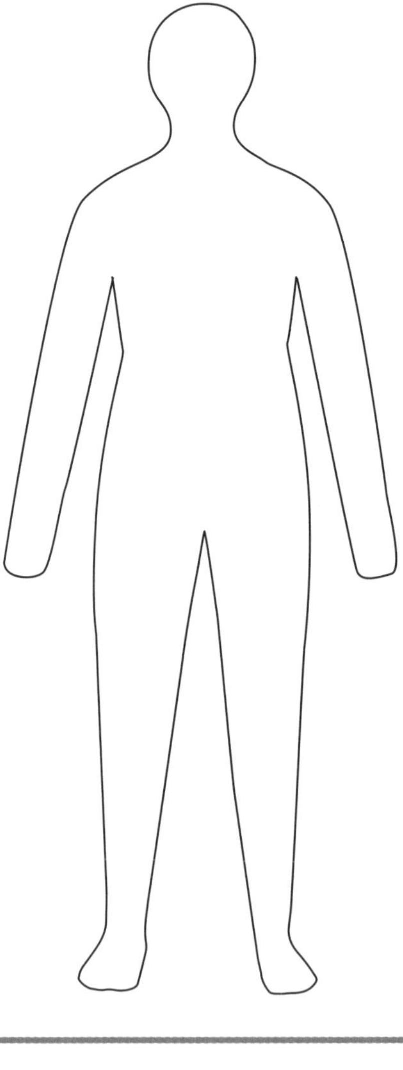

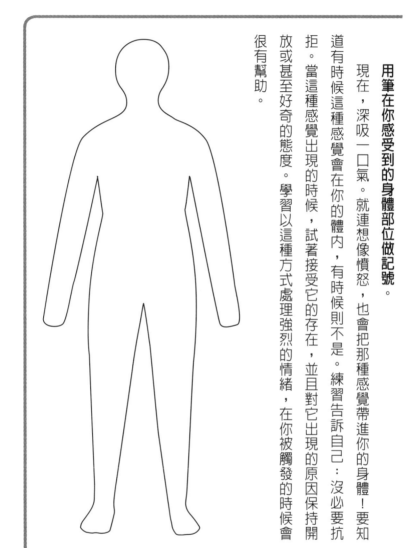

自我疼惜

隨著你意識到自己的行為在過往關係中造成的影響，你可能更能察覺到自己造成了或大或小的傷害。雖然你以前可能看不出焦慮行為，但現在或許更能意識到這種行為會影響你所愛的人，以及你用心投入的關係。或許你能更完整地看出自己沮喪時會在無意中傷害了在乎的人。為了有所改變，首先我們必須鼓起勇氣知道問題是什麼，而非盲目地怨恨或無情地攻擊。

「自我疼惜」可以在你有這種感覺時提供協助。練習自我疼惜的意義，是要更審慎地處理你自身的困難與痛苦，並且真心想要減輕那種痛苦。

想要稍微嘗試一下自我疼惜嗎？想像以前某次你做出或說出讓自己後悔的事。閉上眼睛，看見這件事發生當時的自己。把那個場景當成電影來觀看，想像鏡頭逐漸拉近，拍攝你的特寫。現在，看著你的臉和身體在事件發生之前、當下、之後的樣子。看著你的情緒隨著整個場景播放而流瀉出來。注意你所表達的傷痛、憤怒、挫折、恐懼、無助，或甚至是輕視。繼續看下去，直到場景中的「你」達到靜止點，畫面停在你身上。現在將一隻手放在你的心上，直視場景中「你」的眼睛，重複下列詞語一次或多次：

- 我看得出你就跟其他人一樣痛苦。
- 希望你快樂。
- 希望你不會痛苦。
- 只要讓場景中的「你」聽見，知道有人看見並了解這有多麼困難，想說什麼都可以。

現在想像場景繼續播放，而場景中的「你」把富有同情與關愛的話語全部聽進去了。你的話語有什麼影響？這讓你有什麼感受？

如果你不熟悉自我疼惜，那可能是你在某些情況中認識到你不喜歡的自己那一面，因此學會了譴責、批評及批判自己。這是很常見的反應方式，不過若要改善焦慮依附，自我譴責只會產生更多的不安全感與焦慮，而不是減少。繼續練習疼惜自己。查看「資源」（第276頁）了解如何發展這種治癒練習。

接受他人

接受你自己，只是處理這種依附類型的一部分過程。接受另一個人的依附類型，表示你願意實際了解對方體驗世界的方式，以及對方如何學習做出反應。這就表示要關注但不批評你所學到的。當你願意接受這樣的現實，就能夠更徹底了解所愛的人，藉此鞏固你們的關係。

當然，接受另一個人的焦慮依附經驗，不表示你必須適應他們影響到關係的所有反應或行為。有時候接受就只是願意提醒自己，知道他們的焦慮依附模式跟你無關。以下的範例會說明這種過程。

多明妮克將近三十歲了；她的母親薇洛幾乎是以單親媽媽的身分養育她長大。薇洛的丈夫在去年過世以後，多明妮克就發現母親更常找她，也更依賴她，需要她提供實際上與情緒上的支持。一開始她並不介意，而且身爲移民的第二代，她覺得照顧好母親是她的責任。但是經過幾個月後，多明妮克對母親無言的期望與要求，感到愈來愈洩氣。就算每週去探視母親也不夠；她的母親想要她有一部分時間住在那裡。

多明妮克不知道如何說不，因爲她對母親覺得如此孤單的事感到難過。最糟的是在她們相處時，母親會一直批評多明妮克的生活和職涯選擇，讓多明妮克非常厭煩。多明妮克很快就發現她們的關係變得令她難以忍受，又不知道該怎麼擺脫。

後來，多明妮克在狀況發生時提醒自己，母親黏人的行爲跟她無關，這才有了突破。這種提醒讓多明妮克更清楚了解母親的行爲是出自於本身的依附類型，而理解之後，她就更能接受在這份關係中發生的事，甚至更容易接納母親。她表示，當自己從照顧母親感受的責任中解脫，就覺得防衛心減少了，而且眞的能夠以更具安慰又更有幫助的方式跟母親談話，同時也維持自己的界限。透過這種方式接受，多明妮克覺得有壓力和受困的感覺減輕了，而母親也得到了需要的幫助與同情。

以同理心對待不安全感

到目前為止，你認識了許多關於焦慮依附的資訊。這項練習提供了實行同理心的機會，讓你可以感受而不只是思考。

大多數人認為，在觸發他們產生焦慮的情況中，最常見的是他們預期夥伴付出的注意和關心，與實際情況並不一致。我們來探索一下這會如何影響人的心境。

想像你生命中每天都非常依賴的某件事。也許是薪水、家，或甚至像是日出這麼簡單的事物。寫下關於這件事的幾個句子，以及為何你對此心懷感激。

我很感激每天都能依賴的事情是：

當我想到自己因為它而幸福，我就覺得：

現在，想像那件事改變了。某種你無法控制的力量，讓你剛才所寫的事再也不能像往常那樣了。現在，每次你以為它還在的時候，就會感到震驚與失望。如果你寫的是薪水，就想像每次領到的數字不知為何愈來愈少，而且減少的量都無法預測。如果你選擇的是家，請想像你每次回去時都不確定鑰匙是否能夠開門。不知為何有時候鎖就是換了。如果你是想到太陽每天升起那種舒服的感覺，就想像日光節約時間以無法預測又反覆無常的方式被強制執行。

失望的你，記得自己期望著那件事在以前正常時所帶來的溫暖舒適感。當你想像這種新的現實，心裡有什麼感覺？

現在，想像你要跟關心的某個人去吃午餐，而你正處於前述的情緒中。這場午餐之約跟平常會有什麼不一樣？

如果你所愛的人會產生焦慮依附，你可以想像這或許就是對方的感受。當然，差異之處在於他們是因為懷疑你的可靠程度而有不安全感，但同時你又是他們選擇親近的對象。

良性溝通

先前提過，接受你或關係夥伴產生依附感受的事，並不代表你必須接受那些行為或是它們在關係中造成的影響。針對自己的依附相關行為，你可以確認自己對於親近和依賴的焦慮傾向，並且學習能夠幫助你獲得慰藉，同時又達到關係目標的技巧。

其中一項技巧就是清楚的良性溝通。我們之前討論過，產生焦慮依附的人很容易在被觸發、受挫或受傷的時候，投射自己的不滿。這種溝通經常會透過指責、苛求或憤怒的方式表現出來，但對方其實是希望其他人能夠明白他們的需求並加以滿足。可惜的是，如果你想要滿足需求，這並不是非常可靠的方法。

這種方法偶爾會有效，可能也強化了你任意表達情緒的傾向。不過請思考一下：假設你溝通的方式會給夥伴壓力，進而對關係造成負擔，如果有效，那是因為你的夥伴愛你，不是因為你扮演好合作者的角色而得到你所要的。事實上，當你任意表達情緒，結果卻對夥伴和關係造成壓力，這就是在耗費辛苦累積的關係資本。

以目標明確且對雙方有益的方式，溝通你的感受與需求，這是需要練習的。短期來看，這麼做的效果可能不如脫口要求而立刻得到慰藉，來得令人滿意，但長期而言，這能夠幫助你維持並鞏固重要的關係。另一個額外的好處是，這些工具在你所有的關係中都能夠發揮效用。

取得同意再表達

當你跟某人親近時，你在那個人身邊所做及所說的一切都會造成影響，正面和負面都有。這不是做過、說過就算了。為了讓雙方有效合作，並讓你在關係中的需求得到滿足，你必須即時注意互動，確保對話富有成效。這就是說，表達你的意見也很重要。

兩者要怎麼都做到？在關係中，如果要從一個人的需求和渴望，與另一個人的舒適圈之間協調出平衡點，那麼取得同意就是很重要的工具。練習藉由正面方式取得同意，可以確保你在對話時兼顧雙方的觀點。最常讓我們學會取得同意的情況，是在關係中談到身體與性的界限時。在發生性接觸之前，我們會確認另一個人是否準備好了，也想要這麼做。可是遇到牽涉意見或情緒的強烈互動時，我們卻不常考慮要取得同意。為了這份關係，我們真的應該這麼做。

你能不能回想過去曾有過的某段對話，當時的你正處於焦慮模式，而情況很快就惡化了，結果最後一無所獲？請在腦中回到那個場景。

如果加入下列其中一種或多種溝通工具，會不會改善那場對話的感受或結果，即使只有一點點呢？閱讀下列的建議，勾選適合的項目，想像哪些能夠幫助你接近目標，同時又尊重對方的界限。

取得同意的建議：

□表明意圖，確認另一個人是否能接受。「我想要抱怨一下。我可不可以告訴你？」「我有非常強烈的情緒想要表達出來。你願意聽嗎？」「我對你的情況有一些想法。你想要建議嗎？或是要我參與？」

□在另一個人能夠接受的時間點，要求你想要的。「等你準備好討論改造計畫的時候，可以讓我知道嗎？」

□要求明確的對話時間並且遵守。「你現在可以花二十分鐘跟我討論碗盤的事嗎？」

□說出一些想法，看看另一個人怎麼反應。「那就是我想要告訴你的第一部分。目前還好嗎？」

□準備好停止，也願意停止。如果另一個人不再願意對話或表達不舒服，那麼就暫停或停止。「我看得出你受到的影響超出了我們的預期。我們要停下來或是休息一下嗎？」

現在，重新想像那場一無所獲的對話，這次加入前述的一些項目。那會如何改善對話的結果呢？

安全與安全感需求

取得同意只是第一步。跟依附相關的需求有兩種：安全與安全感。安全是指身體受到威脅的感受得以解除。安全感是指安心，知道現在與未來都能夠保有連結和資源。當你對某個人有安全感，感覺會像是那個人支持你，還會一直支持你，而且對方會以親切並富有同情心的方式看待你。在情緒上感到安全，以及對某人有安全感，就是關係中信任的基礎。

除非安全與安全感都能適當地存在，否則關係中的合作（例如共同的決定、計畫等）就不會順利，要維持良性溝通也很困難。這項練習會幫助你探索並識別你在有壓力的互動中，需要什麼才會有安全與安全感。你可以開始回想跟關係夥伴的某段互動，當時你的焦慮感導致溝通變得困難或一無所獲。

現在，找時間跟你的夥伴或愛人坐下來，分享你對安全與安全感所學到的內容，並且探討你寫出的清單。下列提示或許能引導你產生一段有益的討論。

- 就你對我的了解，你覺得那些列出的項目能夠安慰我的效果有多少？
- 你有沒有想要加入這些清單的項目？
- 你發現我有反應的時候，願意利用這些項目幫助我嗎？

焦慮依附型的人也可能以有效、良性的方式溝通，而發展這些技巧可以協助你在親近關係中培養並建立信任與安全。

加強聯繫

務必記得，有焦慮傾向並不會讓你變成壞人或不值得被愛。無論你個人的不安全感分數爲何，都可以擁有一段充滿安全感的關係。關係安全感是透過行動和行爲獲得，能夠使雙方茁壯，並且帶出他們最好的一面。不安全感分數高只是代表你可能會遇到更多挑戰。

感謝日誌

感謝是建立關係資本的絕佳方式。你和夥伴都會認為值得花時間感謝彼此讓自己過得更好。

列出你感謝關係夥伴的三件事：

1. ______________________________

2. ____________________

3. ____________________

列出你感謝自己的三件事：

1. ____________________

2. ____________________

3. ____________________

定期花時間感謝彼此，可以增進友好並協助你們走過困難的時刻。焦慮依附型的人若能聚焦於感謝、理解和接受，並且學習良性溝通，就能夠營造穩固、健全的關係，讓雙方都有安全與安全感。

本章摘要

- 如果表現出焦慮依附模式，又不注意你身邊的人如何受到影響，就會耗費你的關係資本。
- 人們會不經意地表現出焦慮依附模式，原因是他們想要重新建立關係中的安全與安全感，只不過這些模式會造成反效果。
- 接受和自我疼惜，有益於處理並支持表現出焦慮依附的你或他人。良性溝通是你可以學習的重要工具。

你可以在本章中學到的技巧包括：

- 對有焦慮依附的自己採取自我疼惜的作法，對有焦慮依附的他人以同理心看待。
- 如何明白自己的極限並尊重他人的界限。
- 如何緩解焦慮依附行為。

Chapter 3

逃避依附型

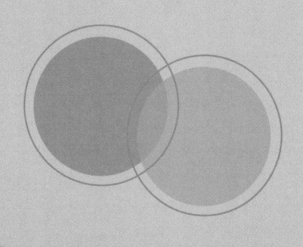

如果你在依附測驗第二部分（第34頁）的分數屬於逃避型，那麼本章會幫助你進一步了解當中的意義，讓你知道可以怎麼做。分數愈高，你就愈可能藉由逃避的行爲模式，表達出對關係的不安全感。焦慮型的不安全感，會以提出異議和指責的形式表現出來，而逃避型則是會在一開始盡量減少或否認對他人的需求。在描述了這種依附類型的相關特徵後，本章的資訊和練習將協助你察覺這種類型如何在你的關係中顯現（無論是你或夥伴屬於逃避依附型都適用），讓你學習接受自己和他人，培養清楚溝通的技巧，並學習如何強化關係的聯繫，以使你更有安全感。

逃避類型的特徵

思考一下你的測驗分數，你的不安全感分數愈高，你的關係就愈可能受到逃避依附行爲的負面影響。如果你的不安全感分數低，關係受到的影響或許就不會那麼大。

逃避依附型的人：

- 會自我依賴，擅於自己處理狀況。
- 不太會抱怨，但會間接表現出不滿。
- 會談論事情與想法，但不會談論自己。
- 較可能由自己或他人提出有記憶問題。
- 偏好以最快的方式處理衝突，即使這代表了貪圖省事。

逃避行為會以多種方式出現，例如徹底忽視衝突、否認發生的事，或者藉由物質逃離不適。不過，他們表現的方式也可能更細微，像是取悅人們，或是把注意力放在幫助他人而藉此忽略自己。這種行為可能是你為了不讓自己覺得羞愧或差勁，而做出的任何反應。

以下有一些例子，他們是我在執業時遇過屬於逃避依附型的人。其中的姓名同樣都已經過修改。

案例

凱爾結婚十六年了。過去幾年，他和妻子愈來愈常吵架，凱爾的妻子會抱怨他不談論自己的感覺，並且防衛心很重。凱爾想要讓妻子開心，卻不知道怎麼改變，而妻子一再提起這件事時就會讓他感到壓力。

迪倫從八歲起就是家裡和朋友間的和事佬，父母在他八歲時離婚，而他發現自己有傾聽並幫助人們釋懷的天賦。他喜歡當和事佬，因爲只要人們對他抱怨，他們就不會對他生氣！他在這方面實在太厲害了，所以從來沒人跟他發生過問題；他們覺得他很「完美」。迪倫很好奇如果他不「完美」，人們是否還會愛他與接受他。

潔在一個嚴格且屬於基本教義派的基督教家庭長大，家中沒什麼實質的愛或情感連結。在她出櫃公開自己女同性戀的身分，並被教會和父母拒於門外之後，她就不再認爲自己相信宗教了。儘管她對家人的拒絕表現得漠不關心，但內心深處還是渴望得到他們的接納，而且每次一想到這件事就會流下眼淚。

那麼你要如何知道自己在與他人的關係中表現出逃避模式呢？你的關係夥伴是否經常告訴你，他們在跟你連結時似乎受到了某種阻礙，儘管你可能並未立即看出這有什麼問題？在你多次碰到這種反應之後，可能會懷疑自己的某些模式是因爲你對自我依賴有不切實際的期望。本章能夠幫助你清楚了解，逃避依附行爲的樣貌以及該如何處理。

自我覺察

你是否經常會抗拒依賴別人，偏好保持距離，即使是對你重要的人？也許你有自己的理由，但如果你屬於逃避型，那麼總結來說，跟人太過親近會使你覺得不安，只要你在現實或情緒上依賴別人，就會引發一種壓力。就跟其他形式的壓力一樣，人們會創造出模式來應對，而這些模式不全然會被意識到，也不一定有助益。

成年人的逃避依附可能會有許多形式，因此下個部分將描述逃避型的人通常會表現出來的一些模式。在閱讀內容時，請注意你認同的部分有多少，而這包括目前和過去的關係。

你的逃避依附感受

你相當自我依賴，並對此感到驕傲。你大概不太喜歡談論自己。你不會藉由表明需求來讓自己成為焦點，而你不喜歡其他人這麼做。邏輯和理性是你的舒適圈；情感就不算是了。這在許多方面都很適合你。

你在童年時期有受到身邊成人支持、讚美或認可的感覺嗎？能不能想出三段特別的回憶？你可以慢慢想。許多人都會想到童年的特定人物，充滿了溫暖、愉快、真誠的回憶。如果你現在無法想出特定的回憶，就符合「不安全逃避」的類型。這不表示你沒有美好的回憶；只是你獨自一人時的回憶更美好，而且比起跟別人相處，你自己比較會找樂子。或許你甚至偏好這樣呢！我認識一些有強烈逃避傾向的人，他們都說，童年最美好的回憶是獨自待在樹林裡好幾個小時、做白日夢，或者在自己的房間裡發揮想像力跟填充玩偶玩扮家家酒。

如果你確實有父母給予大量關愛的記憶，那麼可能是你為了得到那種正面關注而必須做「對」的事。他們會因爲你的聰明、外貌、運動能力、個性或天賦，而讚美或獎勵你。你得到的訊息是當你讓家人有面子，就有資格得到愛與關心。

於是，成年之後，你就不會順理成章地認爲自己能夠得到支持。你比較可能認爲需要支持會對其他人造成麻煩，因此你會盡量降低要求，讓自己成爲更好的朋友、夥伴或團隊/家庭成員。你會訓練自己和別人認爲「你就是沒有需求」。你很認同「我不需要太多」和「我的需求很簡單」這些說法。

如果你單身，可能會對浪漫關係有興趣，或者希望某一天會發生，但你因爲這種關係可能會有的缺點而經常感到不確定。因此，你對交往的承諾非常謹慎。爲了試探，你可能會在情況變得認眞或深入之前，就結束短暫的關係。雖然分手可能會令人難過，但總比後來覺得陷入困境更好。

如果你在尋找夥伴，可能比較喜歡「不會太過認眞看待自己」或「隨和」的人。你重視不會太過挑剔或問你太多事的人。如果對方太過需要關懷，你就會感到有壓力或自覺做得不夠好，也就不太可能跟他們繼續下去。

如果你已經投入一段浪漫關係，可能會很在乎你的夥伴，不過你也需要一定的距離或「空間」。如果有人未經過你的要求就太過親近，你會覺得不舒服，儘管這樣並不理性。有時候你不知爲何就是會在關係中感到壓力，而這會讓你想要躲藏起來。

至於夥伴的需求與要求，你對他們的容忍有限，儘管你在理智上能夠明白他們爲何會要求。但是，這對你而言感覺就是沒有必要。如果說你對關係有什麼抱怨，那就是夥伴對你的需求太多了。當你感受到這種討厭的壓力，就會尋求熟悉且能夠預測的嗜好、活動、逃避方式，例如工作、運動、色情或物質。

當你發現自己有深切的渴望或需求，要承認這些並向他人表達，可能會耗費你一番工夫，甚至讓你覺得可怕。這種感覺可能很不熟悉，而且你不太相信人們能夠滿足你的需求，這樣就足以令你不安，希望最好從一開始就不知道自己有需求。

對你來說，沒有滿足需求與渴望，並不是全世界最糟的事，只要你不看得太重就好了。最令你難受的是覺得受到不公平的指責、怪罪或批判。這會踩到你的痛處，讓你更想要逃避，不過要是你覺得無法逃離，就會反常地對其他人表現得暴躁。

如果你的不安全感分數高，那麼你的逃避行爲可能會有更具體的形式。一般而言，你不喜歡擁抱或太多肢體接觸；在性方面可能只有特定的方式才會吸引你。

逃避依附評分

記住，沒有任何一種描述能夠完美適用於每個人，不過要是你的分數代表了逃避依附，你讀到先前的描述時可能會有同感。當你想起親近關係中某些最重要的經驗，你會認為那些描述有多準確呢？

完全不準確 1 — 2 — 3 — 4 — 5 — 6 — 7 — 8 — 9 — 10 完全準確

描述中的哪些部分最符合你？

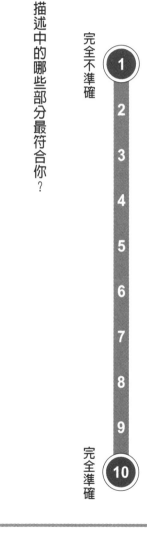

逃避依附在關係中的特徵

逃避依附型的意思是親近某人會對你產生壓力。你怎麼知道自己是不是只要依附某個人就會感到壓力？想一想對你有重要連結的某個人。思考你是否在以下項目對那個人很敏感：

- 當對方親近或想要親近你，無論是在身體或情緒方面，你都隱約有種受困的感覺，因為你不知道自己是否想要他們那麼親近。
- 當你做著自己的事，卻得放下而去跟對方互動，這會讓你變得有點不舒服或煩躁。
- 你對於他們何時要批評或責怪你這件事很敏感。

如果其中有些內容跟你產生共鳴，那麼你或許會因爲這種互動而突然經歷到巨大的壓力。壓力永遠伴隨著你最在乎也最依賴的人，而你大概也想跟那些人擁有長久、忠實、有收穫的關係。但這種壓力會以許多方式阻礙關係的發展。

例如，當你感到壓力，又必須跟讓你有壓力的人一起做某件事，那麼你在思考與理解時就非常可能犯下錯誤。你會變得比較無法專注在夥伴身上，會做出沒有根據的假設，而你的行爲和表現看起來就像在逃避，或是間接帶有威脅的意味。

泰瑞爾和雪儂在一起四年了。只要雪儂一不高興，泰瑞爾就會感到有壓力。他會愣住，無法好好回應雪儂需要安慰的要求。她會要他說一些話讓她安心，或者花時間陪她，不過即使泰瑞爾嘗試這麼做了，卻仍然懷疑雪儂是否會覺得他做得不夠好。他的身體會緊繃，然後變得僵硬。他可以說出雪儂想要聽的話，但他的眼神傳達出自己其實心不在焉。他在內心對自己的表現感到害怕與焦慮，並且猜測那是不是雪儂想聽的話。到了晚上，雪儂可能會因爲白天的事而不高興或是需要談話，泰瑞爾就會開始花更多時間在辦公室工作。

泰瑞爾絞盡腦汁想處理自己做得不夠好的恐懼與威脅，使得他連幫助雪儂消氣這種簡單的事情都無法配合。雖然他事後知道自己的表現很愚蠢，可是在當下他真的對此無能為力。根據大腦處理威脅時的運作方式，這些錯誤總會導致他把另一個人看得更可怕，而非減輕壓力；因此這就變成了一種自我應驗預言（self-fulfilling prophecy）。

你能不能想像自己處於一種對你要求很高的情況中，而你不停犯錯，也無法全心處理？顯然你並不是在最佳狀態下。此外，如果你的夥伴也是不安全依附型的人，那麼你們兩個在思考與理解彼此的時候，就會犯下許多錯誤，造成雙方更大的壓力。難怪你寧願躲開這些情況，退而尋求嗜好。

雖然你在關係中可能不太會抱怨，但那不一定都是好事。關係很複雜，很難在特定時刻找出一個需要的答案。然而，延後處理關係中的問題不是一件好事。你逃避得愈成功，之後你就可能會愈後悔。

遇到問題時，重點不在於辨別與安排優先次序、何時處理，以及要暫時擱置什麼。麻煩會出現，是因為你的逃避反應阻礙了事情的進展，或是你不向夥伴溝通那些反應到底是怎麼回事。

逃避清單

以下列出許多人所提出的，在關係中會讓人感到壓力的情緒和情況。檢視清單，找出對你有壓力的項目。圈選所有會讓你躲避、退縮、分心、麻木，以及讓你覺得跟身邊的人連結變得較薄弱的項目。如果你認為有清單上未列出的項目，就寫在空格裡。

我有這些感受的時候會覺得有壓力：

惱怒　失望　被批判
焦慮　厭惡　孤獨
羞愧　被打發　渴望／想要
被背叛　嫉妒　被逼到極限
被怪罪　內疚　後悔

有負擔
指責
困惑
輕蔑
被批評
挫敗
被羞辱
心力交瘁
被貶低

無助
丟臉
痛苦
被忽視
不夠好
憤慨
膽怯
無法包容
吃醋

被拒絕
憤恨
悲傷
自我懷疑
被壓迫
不受重視
不舒服
擔憂

我想要／需要這些的時候，會感到有壓力：

- 支持
- 安全
- 認同
- 平靜／和睦
- 有組織／有條理
- 關愛／溫暖
- 穩定
- 能被看見／聽見
- 快樂的連結
- 安全感
- 欣賞
- 一致性
- 公平／互惠
- 能被認真看待
- 免除責任

當一份關係裡需要這些的時候，會對我造成壓力：

- 自我揭露
- 提供情緒支持
- 共同做決定
- 對協議負責
- 衝突管理
- 釐清承諾與協議
- 正向的儀式和慣例
- 確定界限
- 修復傷害
- 理解我的夥伴
- 處理其他關係
- 給予評價或接受回饋

我害怕這些情況，它們會讓我感到有壓力……

失去自主權 ______ 失去自由時間 ______ 失去我自己 ______

被取代 ______ 被遺棄 ______ 被排除在外 ______

做得好！你剛找出了會引發逃避依附的各種事件。現在，查看你的選擇，列出最會導致你退縮的三件事。你會在下個練習中處理這三個觸發因素。

範例：關係需要衝突管理的時候會對我造成壓力。

1. ______

2. ______

3. ______

逃避的正反兩面

現在，你要處理在前一個練習中所識別出來的，引發退縮或逃避的前三名觸發因素。在以下三個列表的最前方，各寫出一個觸發因素。接著，勾選出你的反應。最後，你會探討這些行為如何協助與傷害你的關係。

1. ____________________

發生時，我會……

- □ 退縮
- □ 忽視
- □ 分心／讓自己忙碌
- □ 麻木／離開
- □ 打發自己或其他人
- □ 否認我或其他人的經驗

□正當化/合理化
□用無關的事情來解釋
□睜一隻眼閉一隻眼
□其他：

我做這些事之後，得到了什麼？

我做這些事之後，錯失了什麼？

對於這個觸發因素，什麼反應比較有益？

2.

發生時，我會：

- □ 退縮
- □ 忽視
- □ 分心／讓自己忙碌
- □ 麻木／離開
- □ 打發自己或其他人
- □ 否認我或其他人的經驗
- □ 正當化／合理化

□用無關的事情來解釋
□睜一隻眼閉一隻眼
□其他：

我做這些事之後，得到了什麼？

我做這些事之後，錯失了什麼？

對於這個觸發因素，什麼反應比較有益？

3.

發生時，我會：

- □ 退縮
- □ 忽視
- □ 分心／讓自己忙碌
- □ 麻木／離開
- □ 打發自己或其他人
- □ 否認我或其他人的經驗
- □ 正當化／合理化

□用無關的事情來解釋

□睜一隻眼閉一隻眼

□其他：

我做這些事之後，得到了什麼？

我做這些事之後，錯失了什麼？

對於這個觸發因素，什麼反應比較有益？

記住，這些行為全都是習得的。沒有一項是你的錯，但這些行為的後果確實跟你有關。如果你對這些反應的效果覺得滿意，那麼就繼續吧！如果你不再想要這種結果，你是有能力改變那些行為的。

覺察他人

或許你沒有表現出這些逃避行爲的傾向，而是跟有這種傾向的人處於關係之中。本節會幫助你在這種情況發生時，如何有效理解與回應。

你對他人表現出逃避依附時的感受

人們表現出逃避依附模式時，感覺就像他們留下了一片眞空，完全沒有我們渴望或期望的參與感或支持。關於逃避依附型的人，最多的抱怨是他們：

- 不想要處理問題。
- 有溝通問題。
- 跟情感沒有連結。
- 離開或退縮。
- 不輕易表露想法，具防衛心，或拒人於門外。
- 做一些事情卻不會告知。

最後，這些模式可能會讓你覺得這位逃避型的朋友、家人或夥伴並不在乎你。所以你該怎麼辦呢？有時候你得提醒自己這不是眞的。逃避依附型的人很難在依附關係中感到自在，除非你從他們一出生就認識了，否則他們早在遇見你之前就是這個樣子。有些事就是會對他們造成壓力，這並不是針對你。

逃避反應對你的影響

回想某次你需要某個特定者的幫助或支持，結果他不在，或是在場卻令你感覺他心不在焉。

是什麼事件？

你記得自己有什麼感覺？

你記得自己有什麼想法？

你的身體對那段經歷有什麼反應？

如何面對逃避依附型的人

對於逃避依附型的人，過度依賴某人可能會引起恐慌與不安。對他們而言，這種不安可能只是一點壓力，也可能是徹底的威脅反應。許多人際關係的類型都可能會引發逃避傾向，尤其是牽涉強烈情感的。如果你的朋友、夥伴、合作者或家人會被這種方式觸發，你能怎麼做？在前一個練習中，你或許已經注意到自己對他們的行爲有什麼困難的反應。

首先是要認眞看待他們對安全感和安心的需求。即使冒險投入充滿情緒的情況對你而言看似簡單，但對有逃避依附的人卻不容易。對他們來說，在對話中保持投入，討論充滿情緒的主題，這可能是他們一整個星期以來所做過最困難的事了。人在處理威脅時，大腦會無法處理好複雜的工作，也就是那些通常需要有效合作的工作。

我們無法得知人的內心，知道他們要的安全是什麼，但我們幾乎能夠看出事情不對勁，所以只要我們知道怎麼觀察就可以。每個人不管屬於哪種依附類型，都能套用一種所謂「容納之窗」（window of tolerance）的觀念，這是指一個人的身體能夠以最有效的方式運作的理想範圍。當某人的身體表現超出範圍的跡象，無論是過度激發或過低激發，通常就表示身體正在解讀某種危險，而這危險可能是眞實或想像出來的。由於逃避依附型的人不太可能以言語表達痛苦，因此了解這種觀念非常實用。

讓一份關係成功的最好機會，就是你們雙方在嚴肅對話時都處於容納之窗的範圍內。在跟逃避依附型的人有情緒性的對話時，這些提示可以派上用場：

- **建立友好的密切關係**。不要想當然地認爲夥伴知道你是好意的。從一開始就利用觸碰或眼神接觸表明你的好意，但要以非威脅性的方式。
- **時機最重要**。較好的方式是做完某件事就慶祝這一小段勝利，然後休息一下，而不是試著一口氣做完全部，將自己或其他人逼到超出容納之窗的範圍。
- **學習解讀夥伴的表情、眼神和身體語言，知道他們何時超出負荷**。等你學會理解某人的容納之窗，就可以看清楚他正處於痛苦之中的信號。過度激發的表現，可能是說話速度變快或更激動、露出困惑驚慌的表情、呼吸急促、顫抖等。過低激發則可能是眼神遲鈍、顯得麻木或茫然、說話含糊或變慢、姿態萎靡，以及突然覺得非常冷。

● **在你看見夥伴超出容納之窗時，放慢速度**。如果可以，請提前想好可以安慰對方的方法。有些人只需要一個友善的笑容和暫停一下，就可以繼續了。其他人可能需要聽聽安慰的話，例如：「你做得很棒。我們可以慢慢來。」有些人則想要牽著手或是感覺舒服的肢體接觸。

到現在，你可能會想：「喂，要做的事還眞多！」你想的沒錯。有時候人們就是必須多付出一些心力。同時，藉由經驗與練習，事情就會變得容易一點。做值得的事需要知識和練習，而你的關係也不例外。

最後，別忘了要覺察自己。查看先前的練習，你會知道自己對逃避或疏離行爲的反應。你會受傷、生氣、批評、憤恨，或是指責呢？如果你的反應很激烈，也許得先退一步靜下來並照顧好自己。如果想主動提供支持，你一定要準備充足，或是覺得可以藉由在關係中給予而讓自己滿足。

處理負面反應

如果你經常發現自己會對退縮的人感到灰心，那麼這項練習很有幫助。回想上一次你需要某人但對方退縮時，你所產生的負面反應。你的身體想擺出什麼姿態？你的肩膀緊繃嗎？你的胸口是否有喘氣起伏的情況？你的胃部緊縮了嗎？你有沒有握起拳頭？也許有某些現象同時出現？

現在，回想你記得的身體姿態，然後以全身做出更誇張的樣子，持續三次呼吸的時間。例如，你記得自己的脖子拉長、下巴緊縮、雙手握拳，那麼就同時做這三種動作，並且緊緊維持三次呼吸的時間。在這三次呼吸中，想著你在那種時刻可能會想到或相信的事，例如：「我的夥伴不在乎我。」在第三次吐氣時，將一切釋放，放鬆你的脖子、下巴和拳頭，然後讓思緒放空。注意你在緩和時，腦中出現的想法。

現在重複同樣的順序兩次，心裡想著同樣的負面反應。

結束之後，記下你經歷了什麼：

在練習第二次和第三次的時候，你的負面反應是否變得更強烈、更緩和，或者沒有變化呢？你覺得為什麼會這樣？

學習接受

我們在第二章討論過，接受是要對現在和過去的事件保持開放態度，並且不試圖改變。我們經常與現實交戰，而在練習接受的時候，可能會想要放棄。不過，我們可以對自己的經驗和行為負責，做出更符合自身價值觀的選擇。這是從自己開始做起的，就跟大多數的事一樣。

接受自己

有時候，當你回想自己在小時候所學到的那些無益的性格特徵時，可能會導致你自我批評，跟別人做比較。「哎呀，姊姊跟我有一樣的父母，而她似乎不像我有逃避的傾向。」首先，這種比較通常是不正確的，因為你並不知道別人關係的完整樣貌。其次，這麼做會造成不必要的壓力，使你已經在辛苦處理的問題更加惡化，最後會造成負面循環。

所以，請試著原諒過去的自己，接受自己會產生無意識且根深柢固的感覺與想法，以及你無法改變這樣的事實。**本書所能教你最重要的事，就是讓你以溫暖與關懷接受自己的不同面向**。

探索逃避型的內在小孩

以下內容會帶你踏上一段短暫的想像旅程，讓你有機會在非常早期的階段，以同理心感受那個助長逃避依附行為的經驗。請讓自己想像孩子的情緒與身體感覺。

想像你是個小嬰兒。你剛被餵飽，母親把你放進了嬰兒床。當你從她溫暖的懷抱轉移到冰冷的床上，又看著她的臉消失，你就開始覺得害怕了。你不知道她去了哪裡，不知道她會不會回來。你覺得自己未受保護，也覺得不安全。你變得緊張，哭了起來，想要她回到身邊。你沒有見到她，於是哭得更大聲，希望這樣能改變情況，但是並沒有。

你的母親沒理會你的哭聲。這並不是惡意的，她知道你飽了，身體很乾爽、很溫暖，所以你還能要求什麼呢？你很安全，而現在該是你睡覺的時候了。你自己會知道怎麼辦。

結果，你知道的是沒人會在你感到害怕時出現，所以你停止哭泣是因為這麼做沒用。於是，你安慰自己，吸吮著大拇指，一邊看著周圍的模糊世界，一邊安撫自己睡覺。這會讓你撐到下一次被餵食的時候。令人難過的是，在這張嬰兒床裡，你剛學會了如果出自本能地需要最基本的連結，其他人可以直接忽略你，所以你也可以這麼做。

隨著你成長進入童年期，會有更多獨處的經驗：自己玩，自己想像，自己照顧自己的需求。這些都是你覺得最安全的時候。當你覺得世界令人煩擾，獨處就是你會前往的總部。長大後，你會學到新的獨處方式，例如閱讀、電玩遊戲、藝術和其他活動。你可以只在腦中創造完整的世界，不必實際跟任何人互動。其他人會令你失望，可是獨處不會。

讀到上面的內容時，你想像了什麼情緒並對什麼有同感？

你會以同理心對那個孩子說什麼話？

如果直接對那個孩子說話，你有什麼鼓勵他的建議？

接受他人

跟逃避依附型的人維持關係，充滿了挑戰。對方可能很難理解，溝通不直接，而且在你需要他們的時候心不在焉。所謂的接受人們，並不是要在他們的行爲對你產生負面影響時予以寬恕或甚至容忍，重點在於承認他們的動作與行爲，不強求他們成爲不一樣的人。接受他人就像是自我接受，會創造出一個歡迎好奇與改變的客觀空間。

發揮同理心

這項練習可以幫助你面對那些讓你覺得失望或被辜負的逃避行為。回想生命中的特定時刻，當時你需要某個人，卻覺得對方心不在焉或沒那麼關注你。請選擇一個目前對你不會影響過大的事件。

有一次，某個重要的人讓我覺得孤單的情況是：

相較於他們所做的，我想要他們做的是：

當時的情境對他們造成壓力，因為他們的困難之處是：

我知道這造成了他們的壓力，因為：

他們批判自己，或者認為我批判他們，覺得他們______。但實際上，他們還在學習怎麼______，而他們不是每次都做得很完美。他們感到難以承受時，可能會______。他們的反應是出於本能，並且忘了我有多麼需要他們。

你可以用幾個事件來練習；藉由練習，你會發展出一種即時處理這些事件的方法，而你對逃避型的夥伴也可能更加理解並發展出同理心。

良性溝通

大多數逃避依附型的人對於衝突都會感到不安，而且會退縮地不想處理。衝突發生時，他們會感到焦慮和壓力，反應則是藉由某種方式來逃避。對於表示立場一事，某些人就是不知道該怎麼適當地表達自己。他們會透過想法和外在權威來建立論點，而不是分享自身的觀點。不過，就算逃避依附型的人完全清楚自己的立場和所需，還是會在事情完成之前就放棄，因爲同時要保持堅定自信又願意合作，會讓他們覺得緊張又不知所措。

在我執業時，經常見到人們對衝突感到害怕，甚至是恐懼。有個方法可以派上用場，那就是在夥伴「上工」的時候，一次只處理一個主題。我非常建議你和夥伴在考慮處理衝突的規則時，採用這種協議。噢，我有提到「建立規則」是個好主意嗎？確實如此！

拉蘭達和瑪莉找我諮詢了幾個月。她們的不安全感類型各不相同，拉蘭達是逃避型，而瑪莉較爲焦慮。她們吵架時，瑪莉的焦慮經常在互動中滿溢出來，讓拉蘭達覺得好像必須跟上對方，並且防衛自己，直到她無法承受而放棄。拉蘭達感到怨恨，瑪莉則是納悶爲何對方沒能感受到她想要得到的連結或支持。她們發現這樣下去，關係無法長久，於是同意嘗試將對話聚焦在一個主題上。以下就是她們諮商不久後發生的情況：

「我覺得房子可以再整潔一點。」拉蘭達說道。

「妳不覺得我很努力地維持整潔嗎？」瑪莉問道。

在幾個月之前，拉蘭達會認爲這代表瑪莉無法接受她的看法。不過，由於拉蘭達一直在試著盡力處理衝突，所以她接著說：「我知道妳有。但重點不是我們哪一個人造成髒亂。我知道我也會忘記善後，但我喜歡住在乾淨一點的房子裡。」

瑪莉回答：「好吧。我可以再努力一點，但我不覺得妳知道自己在流理台洗碗盤時有多粗心，會把東西弄得到處都是。」

拉蘭達以前本來會覺得自己受到指責，在爭論中失去精力，然後感到絕望。現在，她深吸了一口氣，然後繼續說：「妳想知道什麼會讓我開心嗎？」她停頓一下，等待回應。

「想！是什麼？」

拉蘭達費了好一番工夫才說出這段話：「我眞的很希望我們的客廳和廚房在週三就能整理好，就在我們週末大掃除之前。我覺得那會很不一樣。」

「我的問題在於我常跟朋友出去，不知道週三什麼時候回來，」瑪莉回答：「妳在週末時更常跟朋友出去，有時候我還會懷疑週末是不是能見到妳。結果見到的時候，妳就只會打電動。」

此時，瑪莉的焦點從整理的主題轉移到了熟悉的抱怨：她覺得自己跟拉蘭達相處的時間不夠多。

要是拉蘭達沒說些什麼把主題拉回來，我就會插手，因爲我不希望他們失去繼續前進的動力。可是我不必這麼做。

「我們可以下次再討論我打電動的事，親愛的。現在，我們在談的是打掃房子。那麼，妳覺得我的想法如何，在週三打掃客廳及廚房，這樣我們就不用在髒亂的房子裡一直住到週末？」

「噢，好吧。我可以接受。我們只要再討論細節就好。」

她們兩人都成功跑到了終點線。

若要改變關係的模式，有時必須堅持不懈才做得到。在每個重要的關頭上，拉蘭達都掌控了對話的方向。她讓對話集中在主題上，也讓雙方都有參與，而且不讓自己的逃避模式造成阻礙。拉蘭達並非一夕之間就培養出這些技巧，可是她知道這份關係經不起一次又一次相同的爭執。隨著時間進展，她慢慢有自信推動一切了。而她看見瑪莉也努力不讓自己反應過大，更願意接受她嘗試表達意見，這對彼此的關係也很有助益。

探索需求與要求

在這個範例中，拉蘭達做得很好，她會在每次對話偏離時將主題拉回來。這是一種多面向的技巧，但拉蘭達總該有個開始。她做的第一件事，就是更加注意自己想要家裡整齊的強烈偏好。

現在，我們來探討你在某份關係中覺得並未得到滿足的問題。如果你沒有什麼特別明顯的記憶，就盡可能猜猜看。這麼做的重點是要探索你對那份關係的想法與要求。

當我想起這份關係，覺得不滿意的是：

這份關係能讓我開心的是：

如果我得到想要的，會覺得：

如果我在這個問題上從不為自己辯護，長期下來會如何影響這份關係？

評分量表：針對這個問題，我願意付出多少努力堅持立場？（圈選）

非常少 1　2　3　4　5　6　7　8　9　10 全心全力

拉蘭達沒有在對話讓她感到挫折時就放棄。她在了解瑪莉的依附類型之後，就知道瑪莉不是想要怪她或故意改變對話的焦點。拉蘭達知道依附的制約作用所產生的壓力，會讓人受到不同的影響，有時還會讓對話變得較無條理也更混亂。她也知道自己和瑪莉已經答應一起以更有條理的方式處理衝突，減少對話主題偏離的機會，免得讓她們兩個有很難熬的共處夜晚。

拉蘭達聽到瑪莉的批評與指責時並未放棄，而是說了這些話：

「我知道妳有，但重點不是我們哪一個人造成髒亂。我知道我也會忘記善後，但我喜歡住在乾淨一點的房子裡。」

「妳想知道什麼會讓我開心嗎？……我眞的很希望我們的客廳和廚房在週三就能整理好，就在我們週末大掃除之前。我覺得那會很不一樣。」

「我們可以下次再討論我打電動的事，親愛的。現在，我們在談的是打掃房子。那麼，妳覺得我的想法如何，在週三打掃客廳及廚房，這樣我們就不用在髒亂的房子裡一直住到週末？」

主張問題

在這個練習中，你要練習主張你在前一個練習裡寫下的問題。

你的對話目標是要：

- 保持在一個主題上。
- 集中焦點。
- 傳達尊重與安慰。
- 找出你們雙方都能接受的協議。

針對這些常見的溝通挑戰，思考你會有什麼反應。

夥伴覺得被你攻擊與指責時：

夥伴提起過去的事，而且似乎又在責怪你時：

夥伴抱怨起另一個完全不同的主題時：

無論你或夥伴是逃避型的人，欲培養找出良性溝通方式的技巧，都需要時間與精力，可是這對你的關係有好處。你可能得像拉蘭達那樣深呼吸並堅持下去，不過最後你會覺得這麼做愈來愈容易。

加強聯繫

我們會依附別人，是為了想要跟世界上某個能夠提供安全與安慰的人感覺有所聯繫。其中有些聯繫是我們依賴的主要安全繩。如果要強化那些連結，讓你更享受於關係中，那麼處理可能突然冒出的依附壓力就很重要。以下練習會幫助你思考自己及夥伴的依附壓力。多察覺這些壓力，你就能夠更進一步引導壓力。

觀點矩陣

大衛去年跟維斯娜訂婚，而大衛在籌畫婚禮的過程中表現出了逃避依附傾向。維斯娜對婚禮的規畫極度熱心。大衛好幾次答應要坐下來幫忙規畫，因為他覺得自己應該這麼做；可是他並沒有空出時間。其實他不太喜歡規畫，也不確定自己想要或能夠負擔什麼樣的婚禮。為了緩解對資金的焦慮，他一直在加班，卻幾乎不對維斯娜提起自己的焦慮。維斯娜變得愈來愈沒耐心，開始覺得很受傷，認為大衛對婚禮的事不認真。

像這樣的情況經常會造成衝突，原因在於不夠了解逃避依附型的夥伴如何經歷壓力。你可以利用左方的練習找出細微的差異，明白表現出逃避行為的是你或夥伴。這是根據大衛的逃避行為而設計出來的範例矩陣。

名字	對情況的感受？	是什麼造成壓力？（考量依附模式）	壓力程度？（1～10）
大衛	我對錢的事感到有壓力，而我處理這個情況的方式是加班，好為了婚禮存錢。維斯娜似乎不太擔心錢的事，所以我覺得對方其實不了解我。	錢的壓力	5 中等
		害怕我會讓維斯娜失望	9 非常高
		不擅長規畫	7 高

儘管大衛有許多壓力因子（從中等到非常高的壓力），他卻完全沒找維斯娜直接溝通，而她也並未察覺到。透過對話說明這些壓力因子，可以幫助雙方

了解潛在的問題為何。

現在，請根據引發你或夥伴逃避行為的情況，建立你自己的觀點矩陣：

名字	對情況的感受？	是什麼造成壓力？（考量依附模式）	壓力程度？（1～10）

當你或在乎的人表現出逃避傾向，你就可以利用這項練習。它可以協助你們了解雙方對壓力因子的看法是否一致。

本章摘要

- 只要依附（依賴）行為對某人有產生壓力的傾向，引發放棄或逃避的行為和模式，逃避依附的情況就會發生。
- 面對逃避依附時，比較有效的方式是在想出解決方法之前，先考量安全感及如何緩解壓力。

你可以在本章中學到的技巧包括：

- 如何帶出討論的主題，讓對話集中於此。
- 如何利用逃避清單（第101頁）識別出觸發逃避反應的特定感受。
- 如何知道你的夥伴何時超出容納之窗的範圍以及該怎麼做。

Chapter 4

安全依附型

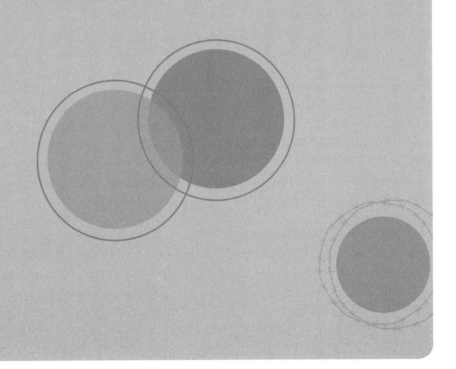

我們終於來到了依附的安全類型，這是我們努力想讓關係品質達到的模範。擁有或發展出這種類型的人，在依附和依賴親近的人時不太容易感受到多餘的壓力。即使你的分數未將你歸類於此，本章也會爲你提供指引。

安全類型的特徵

屬於安全依附型的人：

- 能夠針對新資訊以及變動的情境輕易做出調整。
- 對關係抱有希望，並且安排優先順序。
- 關係中有人受傷或出現裂痕時，重視修補工作。
- 處理關係中的差異與複雜事物時帶有自信。

即使事情很複雜或你處於衝突之中，安全依附型的你也能清晰地思考與處理一切。你的神經系統不會因爲與人親近而過度緊張，而這也讓你免於應付由親近和親密觸發的不必要焦慮。你可以藉此專注於和你的愛人、家人或親密好友解決問題。跟他人建立聯繫是每個人都有的需求，整體而言這對你是較爲順利也更有樂趣的經驗。

以下是我在執業期間遇過的一些明顯是安全依附型的例子：

案例

蒂達去年遭遇了一連串的悲劇與不幸。她在工作上被解僱，母親則因爲癌症過世。幾個月後，她和先生的房子在野火中燒毀了。在一波接一波的噩耗中，她認爲自己和丈夫的關係提供了安定感。「雖然我們兩個都很難熬，可是我們知道最終一定能撐過去，」蒂達告訴我：「如果少了他，我不知道會做出什麼。」

艾亞娜是一位軟體工程師，她熱愛工作，而且跟團隊發展出一種極佳的工作關係。團隊中的朋友找她加入他們的冒險之舉，一起建立一家新公司，而由於她通常會規避風險，所以考慮了一段時間。這並不是簡單的決定，可是她同意了，因爲她重視關係，也相信他們有能力繼續打造激勵人心的新計畫。

哈維擔任消防員，工作是四十八小時輪班制。他每次抵達消防隊時，都準備好將生命託付給跟他一起行動的第一線應變人員，也決心要盡力做好一切，不辜負任何人。

安全依附不會讓人免於受到關係問題的影響。屬於安全依附型的人可能會在關係中犯下同樣的錯誤，也跟所有人一樣必須學到同樣的教訓。他們親近的對象可能不適合自己、無法在關係中有效處理衝突、傾向逃避或反應過大，諸如此類。不過，安全依附型的人從失望中復原的速度通常較快也較徹底，而且他們會從這些經驗中學習，盡量避免重蹈覆轍。換言之，安全依附型的人在關係中會展現更多彈性。

他們是怎麼做到的？記住，安全依附是指相信當我們以最親密的方式跟人在一起（無論感情或身體），這些人都會盡可能對我們好，他們不會背叛或遺棄我們。有安全感的人透過經驗學到了可以信任與依靠他人。一般來說，他們的優勢是從年輕時就受到良好的照顧。而且他們有負面經驗的時候，會有人協助他們度過。這種早期形成的經驗會幫助他們在關係中感到自在。

自我覺察

正如其他依附類型，安全依附型的人形形色色都有。他們會經歷完整的高低潮，就跟關係中的所有人一樣，而他們的自我覺察是學習的重要過程。當你更能覺察自己的想法、情感與身體感覺如何影響你對他人做的事，以及你做的事如何影響他們，你的關係總是能夠因此獲益。

如果你在依附類型測驗（第28頁）的不安全感分數低，而安全感分數高，那麼你很可能會發現以下的描述符合你。如果有些地方你不認同，請了解完美的安全依附只是理想，這是要反映出一種通用的概念，而不是針對某個時間點的任何特定人物。最後，關於安全類型最重要的面向，是可以透過覺察與發展習得的。

你的安全依附感受

只要是你重視的關係，你就會非常在意。即使情況不完美，你還是能從中得到許多，這有一部分是因爲你明白沒有任何關係是完美的。重要的是這些關係在平常以及發生危機時都能夠給你力量。

你在關係中表現得相當有彈性。你對自己和他人的需求與要求很敏感。如果你眞的有偏見，可能偶爾會過度樂於助人，但不會到完全犧牲自己需求的程度。如果你以前這麼做過，那麼你已經從錯誤中學到教訓了。

擁有某些需求不會讓你感到不安，而且你會表達並提出要求。如果對方無法滿足你的需求，你也許會有一點失望，但會繼續前進。你明白那種需求可以在別的地方滿足。你知道那樣要求並沒有錯，而且你的需求是合理的。

發生問題時，你傾向專注於問題本身而不是牽涉到的人。雖然你知道人會犯錯，包括你自己，可是指責似乎無濟於事。我們就是這樣。如果有問題讓你陷入困境，你會尋求協助。

如果你發現自己傷害了在乎的人，你會盡力彌補。在這麼做的時候，你的態度一致，不會防衛或放棄，因爲你知道即使你帶有好意，還是可能以負面方式影響他人。反過來，當你受到嚴重的傷害，你會給對方跟你修補一切的機會。你不會懷恨在心。

你看待浪漫關係的態度相當輕鬆。能立刻找到對的人當然很棒，不過若是需要一段時間，你也可以接受。找到感興趣的人後，你傾向於慢慢認識對方。即使一頭栽進了愛河，你仍然能夠思考你們長期發展的適合程度，在交往時考量這個因素。你會想到未來並規畫，但不會過度強調具體的細節，也不會在遇到困難時一直提起過去的事。

在與他人的關係中，你會往共同的正面目標與憧憬前進，而不是以零和遊戲的方式看待關係，一次只讓一個人得到所要的。

雖然沒有單一因素可以預測出安全依附型，但是有促成這種類型的早期條件。你可能會覺得父母的其中一位或兩位都很重視並關注你。除此之外，你可能也有老師、朋友、家庭成員的支持，他們會鼓勵與欣賞你。無論在家中或其他地方，你都有一個指導人，對方能夠在你需要時安撫與安慰你，並且讓你當成安全的總部，讓你好好探索複雜的世界。你會因此得到自信，認爲生命中的難題無論如何都會解決。這不是盲目的信仰；你對生命和關係的看法是將其視為一種不斷進化、發展的過程。你永遠都能夠獲得與發現新的東西。

促進安全關係的技巧

發展更好的關係技巧是一種過程。你投入愈多，得到的結果就愈好。現在花點時間盤點你做得好以及想要改進的事。（就算你屬於不安全依附型也可以這麼做！）

針對每個項目，請勾選你已經做得很好的，然後在你想要改進的事項劃上一個加號。

□察覺到我在乎的人不完全誠實。
□很早就察覺我在乎的人在對話中不高興。
□在衝突期間讓對話集中於同一個主題。
□持續欣賞我所愛的人，並且傳達給對方知道。

□ 安慰我的夥伴。
□ 知道我自己在時間、情緒能量或身體舒適/安全的界限。
□ 表達我的情感、需求或渴望。
□ 在關係中主導情況。
□ 合作以獲得雙贏局面。
□ 緩和有壓力的互動。
□ 表現欣賞與感激。

以上每一項都是在親近關係中促進安全感的重要能力。評估你已經做得很好的項目，好好鼓勵自己一下吧！

現在，針對你想要處理的項目，你能想到什麼改進的方式？如果你想不到，可以找一位朋友商量，尋求建議。

在我想要發展的部分，我可以用什麼方式改進？

範例：我可以看關於欺騙的紀錄片或教育影片，藉此更容易知道人們何時不誠實。我可能會去上即興課程，學習如何主導情況，並且更能與人合作，讓結果達到雙贏。

安全依附在關係中的特徵

屬於不安全依附的人，不一定會在關係中表現得沒安全感，而安全依附型的人同樣也不會隨時都表現得有安全感。但如果他們眞的表現出不安全感，衝突又愈來愈嚴重，那麼情況會較爲順利，也能更快回到正軌。

以安全依附方式來回應的人，在當下通常很平穩，也有明確的方向。他們不太擔心未來，也不會執著於過去。他們會處理目前需要解決的需求——這比聽起來還要困難！有人反對他們的時候，他們也可以提出好的論點，而且不讓對方失望。

他們眞的能夠與人合作。他們重視公平，不會爲了自己的需求而犧牲其他人的需求，反之亦然。他們會努力維持公平，並允許其他人徹底表達想法。

安全依附型的人相信自己的直覺，也有足夠的能力在壓力中主導情況，這是一種極大的天賦。由於他們的神經系統通常較穩定，所以如果有人對他們生氣，並不會觸發他們被遺棄的情緒而導致反應過度，也不會觸發他們像是被吞沒的感受而導致逃避。

覺察他人

我們不能根據對於依附類型的刻板觀念，就隨意將任何人分類。受到安全依附影響的人，其反應通常較能注意公平與合作，不過無論屬於哪種依附類型，任何人都可能有這種反應。因此，我們更要能夠識別何謂基於安全感的行為，而不是根據標籤來假設情況。識別安全依附的能力，會幫助你找出對關係更有助益的道路。

你對他人表現出安全依附時的感受

跟安全依附型的人處於關係中，感覺可能像這樣：想像你跟某人一起學雜耍。你來回丟著球，學習把戲；有時候你可以讓球在空中待一段時間，有時候會掉下來，這全都是學習的體驗。你的雜耍夥伴做著一樣的事，而且也還算可靠。球掉下來的時候，對方會撿起球，然後繼續雜耍。你的夥伴很投入，感覺好像你們兩個都進步了，而這樣很有趣。

要認出什麼是安全依附，你也必須知道如何認出容易被誤會成有安全感，卻隱藏著不安全感的行爲，亦即史丹．塔特金（Stan Tatkin）所稱的僞安全（pseudosecure）。當我們剛開始認識安全依附型的細節，僞安全的特徵可能會造成混淆。以下列出有時會僞裝成安全感行爲的關係互動與特徵，以及如何有效回應的建議。再次提醒，此處的安全依附概念是一種理想！一定會有進化與成長的空間。

僞安全的特徵：

- **總是或經常順應你的要求**。關係是兩個人的事。如果有人說同意你，但你懷疑對方並不同意（至少不完全同意），那麼這就不是安全感。如果你不確定，就問他們爲什麼同意，並且要確認他們也能從中獲益。
- **在報告或社交媒體上顯得很完美**。當夥伴或關係的資訊，是以選擇性的方式分享出去，有時可能還經過安排，內容就會顯得很美好。這些籌畫出來的場景，完全無法讓你知道某個人在跟他人互動時的壓力下，會有什麼實際反應。盡量別相信沒有證據支持的假設。
- **當你提起關心的事或發牢騷，對方卻提出對你的抱怨，因為「這樣才公平」**。如果對方以不相干的話題反駁，這通常表示對方無法容忍你的反應。發生這種情況的話，就詢問對方，如果你願意晚點再了解對方的抱怨，是不是能同意先讓主題集中在你的問題上。

- **對方總是支持你，他自己卻好像沒有任何問題或需要支持**。如果你在這段關係中很重視相互扶持，那麼請思考爲何對方不在關係中表現出需求。這種互動會對你的關係產生負面影響嗎？這會讓你覺得自己是個需要被拯救的傢伙嗎？這會不會導致你覺得自己是個過重的負擔，而對方不是？請思考這樣是否眞的適合你。
- **對方聲稱在關係中應該要能夠隨心所欲，因為他們不想受到控制**。對，人們應該有選擇的自由，可是他們也必須理解自己做的事會影響到其他人。如果發生這種狀況，你一定要清楚自己感到安全與自在的界限。記住，你可以決定什麼適合你，以及什麼不適合。
- **對方因為感到焦慮而堅持要處理某些問題，即使這會讓你無法承受，或者時機根本不對**。衝突管理是必要的，但不一定都很有趣，偶爾還會引發一些難受的情緒。然而，忽視你極度不愉快的事實，又強迫你做還沒準備好的事，這不能算是安全感。如果發生這種狀況，就跟對方確認時間，並且讓他知道什麼條件能夠幫助你有效地討論某個主題。你想要親自對談嗎？以書寫的方式談？你可以只討論一個小時嗎？

- **對方沒有不高興，卻為了你不高興而批評你**。人們有安全感時，通常不會怪罪你的感受。如果發生這種狀況，請盡量試著了解爲什麼對方要責怪你。詢問是否有難受的感覺讓他不舒服，例如憤怒。
- **對方說你的關係能力未達標準**。要對他人施加影響，利用羞辱或批評是很粗糙的方式。這跟負責（accountability）不同，負責是明確定義雙方的協議，這樣就能夠將行爲跟人分隔開來。如果發生這種狀況，請退一步回想你對關係的目標是什麼。接著你可以決定是否要嘗試將對話重新導向較有益的方向，或是以另一種方式回應對方。

欲認出安全依附必須注意很多細微之處，而且可能要一段時間才能夠完全理解。不過通常來說，關係中的安全依附行爲不會只讓一個人感覺很好、很正常、能夠滿足需求。如果有一個人是以另一個人付出代價來獲得這些，這就不是安全依附。

請持續探索安全依附的細微差異，如果你不知道是什麼想法和情感激發對方做出決定，那麼安全和不安全所採取的方式看起來可能會一樣。想像一下：

你的兩位男性友人德魯和艾倫各自跟女性伴侶有長期關係。他們告訴你，他們答應向伴侶做出很大的讓步，放棄成爲父親的機會。儘管兩人之前都曾向你提過他們想要小孩。差別在於，德魯這麼做是出於安全依附的態度，而艾倫的態度則屬於不安全依附。

在德魯終於理解伴侶卡莉的立場，也表明自己的立場之後，他接受了兩人所要的不一樣，而他們都有正當的理由。他知道卡莉不會退讓。一想到可能會失去卡莉或失去當父親的機會，他就感到難過；他想像自己沒有孩子也能很快樂，卻很難想像自己沒有卡莉也能那麼快樂。這使他願意讓步，條件則是他們要跟姪子、姪女密切往來。他們達成協議後，德魯很高興可以把這個問題拋諸腦後，兩人因此也能盡量利用大部分沒有孩子在的時光。

艾倫和伴侶威瑪過去兩年都在爲了孩子的事爭吵，而他已經筋疲力盡了。威瑪絲毫不讓步。他不想失去這份關係，並且對接下來的事感到無力。如果他不提起這個話題，他們就不會再爲此爭吵；所以艾倫接受了失敗，也告訴威瑪他不會再逼她了。艾倫思考自己的決定時，感受到一股不小的憤怒，還覺得或許他比威瑪更願意為這份關係犧牲。

儘管德魯和艾倫都為了維持關係而決定放棄當父親的機會，但他們的動機卻不相同。因此，他們會經歷到不一樣的結果。若要真正了解某個人的依附類型，就不能只靠行為判斷。你必須了解對方的動機、感受及想法。

如果遇到充滿挑戰的情況，例如伴侶希望共同生活但想要的事卻大不相同，那麼在安全的基礎上處理問題，能夠幫助你在面對複雜情況時看得更清晰。

安全依附與不安全依附的態度

我們在德魯和艾倫的例子中可以看到，無論你屬於安全或不安全依附型，都有可能產生一樣的結果，但做出決定之前、之後與當下的內在感受和想法，卻可能非常不同。

在這項練習中，你有機會挑出自己在關係中做過的決定，探討做出決定的理由是基於安全依附或不安全依附。例如，這張練習單描述了德魯和艾倫放棄父親身分的決定：

決定：雖然當父親是夢想，但還是做出不生孩子的重大讓步	
安全的態度（德魯）	不安全的態度（艾倫）
1. 對失去伴侶和失去當父親機會的可能性感到難過。 2. 能夠想像沒有孩子也很快樂，決定這樣比少了他重視的伴侶更好。 3. 做出讓步，並要求某事當成回報。 4. 對做出決定並能夠繼續生活一事感到寬慰。	1. 對失去關係感到害怕。 2. 因為遲疑不決而感到有些無力。結果就是沒有作為，也沒有孩子。 3. 不想製造更多衝突，因為這會讓雙方都不高興，所以讓步很合理。 4. 最後留下了憤恨與挫敗的感受。

現在換你了。填寫你自己的練習單，就從你對一份關係做過的某個決定開始。然後將你對那個決定的想法與感受，寫在適當的欄位裡，也就是安全或不安全的項目。接下來，填寫符合另一個類別的想法和感受，即使是假設的也可

以。重點在於練習識別想法與感受來自於安全或不安全的態度。

決定

我的決定是：

不安全的態度	安全的態度

要思考的問題：

1. 什麼條件能幫助你對關係有安全的態度？
2. 什麼條件會引起不安全的態度？

如何面對安全依附

如果你認得關係中的安全依附，那種感覺幾乎就像是對方想跟你一起合作以得到最好的結果。最好的回應就是你願意以雙方都能滿意的方式合作。如果兩個人都這麼做，事情就很有可能會成功。

當然，這表示你要盡可能表明自己的需求、渴望，以及對目前問題的看法。你也要試著了解對方的需求與渴望。

發生衝突時，則要了解你們共同的目標。如果你們是伴侶，在面對新挑戰時可能要鞏固並強化關係。如果你們是商業夥伴，目標可能就是要釐清你們新的冒險活動有什麼價值。如果你們是父母與成年子女，目標可能是找出像朋友和同輩的關係。

如果在合作達成共同目標時遇到了阻礙，那麼就先解決它。問題可能是其他的關係、責任或個人的不足。

想像衝突中的安全互動

大多數人都會陷入衝突的快節奏中，以至於偶爾會沒注意到對方正在示好。如果錯過這種時刻，爭執就會持續得更久，也會造成更多壓力。

回想你在關係中陷入衝突的時候，情況並不順利，對方也因為恐懼或受傷而做出反應。記住這種感覺：你在反應時經歷到的感受、想法和身體感覺。

對方做了什麼而觸發你的反應？

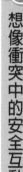

現在，想像對方不是只感到害怕或受傷，而是能夠客觀思考與感受，也努力要理解你的看法。想像對方最寬容也最富有同情心的樣子。對方平靜地對你說話，看著你的時候眼睛散發溫暖的光芒。

你現在感受如何？

你大概覺得好多了。這就是我們在乎的人認真看待我們所產生的感受。如果是這樣，就讓那種愉快的感覺進入心中。現在，想像你對這種不同的反應表示感謝。

為了讓對方繼續以這種方式對待你並與你交談，你會怎麼表示感謝與鼓勵？

（例如：我會給對方一個擁抱，我會感謝並告訴他們，我覺得他們哪些看法是對的。）

學習接受

想要有健康的關係就必須接受現實，無論是接受夥伴的想法和感受、明白你們讓彼此失望了，或是接受影響這份關係的外在情況。如果說關係的過程是一道食譜，那麼接受就等於是收集必要的材料。如果你遺漏材料或用不適合的材料代替，那麼不管你多努力，烹飪出來的菜色可能都不會是原本想要的結果。

接受自己

這同樣要從你自己開始。你有多常承認自己的反應以及自己的許多層面並不完美？所謂的接受自己，是表示要接納事情原本的樣子，跟這件事和平相處，這樣你才不會耗費寶貴的精力與資源，試圖與之搏鬥。這適用於身體感覺、想法和感受，以及已經發生過的行爲。這些事會出現並過去。我們不一定都能控制，也不一定都要控制。

接受自己「完美的不完美」

你在關係中的哪個部分會期望自己要完美，或是在做不好的時候自我批評？

（例如：我不能接受自己讓夥伴生氣。）

你批評自己的時候有什麼感覺？（例如：我覺得很洩氣。）

當你有這種感覺時，會怎麼做？（例如：我會暴飲暴食。）

過度的自我批評對改變或鼓勵新行爲幾乎沒有助益。當你發現對自己嚴厲，請花點時間注意自己的哪個部分付出了代價。是你的身體和健康嗎？是你的自尊嗎？是你失去了時間和心理能量嗎？這個部分的你對其他部分的你傳達了什麼訊息？

接受他人

接受別人的安全依附時，有一項常見的挑戰是這種類型可能跟你的不一樣。因此，你可能會感到不熟悉或陌生。大多數人都是以自己見過和體驗過的方式，來辨認出愛與關懷。如果有人以不同的方式關心我們，即使感覺應該很好，我們還是很難把這當成是愛或關懷。

例如，塔莎和萊拉在一起六年了，她們正在決定何時要結婚。塔莎屬於安全依附型，萊拉則是會有焦慮行爲的不安全依附型。以下範例描述了不安全依附型的人如何對安全依附感到困惑：

「妳怎麼能這麼確定我們適合彼此？」萊拉問道。

「我不知道未來會發生什麼，可是我認爲沒問題的。我知道妳會爲了這份關係努力，而我也會。」塔莎回答。

「可是有時候我覺得自己跟那種想要住在城裡並見識世界的人在一起，會比較快樂。我這樣想像過。」

「好吧，那對妳有多重要？我可以偶爾跟妳去旅行，而且我們可以在住處這件事上得到妥協。」

「我知道，妳以前就說過了。」萊拉停頓下來，思考了幾秒鐘，然後她的焦慮就突然加劇了。「可是妳怎麼能這麼確定呢？萬一我跟別人在一起就是比較快樂呢？」

目前她們之間沒有別人出現，然而不安全依附的一項特徵是很難在做出決定後就感到放心。

雖然塔莎不知道未來的事，可是她很了解萊拉。她知道萊拉容易對決定與承諾感到畏怯，即使最後她還是會對自己的決定感到非常高興。她就曾見過萊拉在尋找公寓和選擇研究所的時候，經歷了同樣的焦慮。

可是，塔莎提出的帶有信心的論據，卻不一定能讓萊拉得到安慰。有時萊拉會因此感到希望，有時則覺得愚蠢。她從過往的親密關係中學到，人的好感並不會持續，而她也漸漸覺得這種關係每過幾年就會改變。塔莎的安慰以及她對關係持續下去的期望，對萊拉而言並不熟悉。萊拉花了一段時間才接受她們的立場不同是因爲各自的依附類型不同，而這是正常的。

看見這份關係的優點

你和夥伴的優點是什麼？當你跟安全依附型的人互動，提醒自己這份關係的優點，對你很有幫助。思考你們各自對這份關係貢獻了什麼，以及你們彼此都有的天賦。如果你目前未處於浪漫關係之中，那就看你想到什麼重要關係，也許對方是父母、兄弟、最好的朋友，或是其他人。

現在你選好了一段特別的關係，接著在「我」的欄位勾選出你對這份關係所貢獻的優點。接著在「我的關係夥伴」欄位，勾選出對方為這份關係帶來貢獻的優點。

我	我的關係夥伴	優點
		誠實
		公平
		願意認真／努力
		同理心

願意敞開心胸

值得信賴

鼓舞人心

奉獻

合作

接受失敗

提供支持

在困難時堅忍不拔

可靠

始終如一

能夠以正面方式提出異議

有趣

幽默

願意表達感激與欣賞

願意犧牲

其他：

你們各自對關係的貢獻方式可能一樣，也可能非常不同。如果不同，請試著承認你偶爾會對夥伴分享技巧和天賦的某些方式感到不太熟悉。如果是這樣，請嘗試對那種新感覺敞開心胸，藉此慢慢接受。

良性溝通

少數能夠預測「生活中的幸福」的可變因素之一，是擁有親近與有意義的關係。這些關係能讓人們彼此坦誠、受重視，並且得到支持。溝通不良經常被當成在關係中得到幸福所要面臨的挑戰。

在親近關係中要保持良性的溝通態度，必須考慮到言語溝通並不完美，而且永遠不會完美。人們隨時都會說錯話或誤解彼此，就算再怎麼努力也一樣。我們只能盡最大的努力，表現出善意，並在發生誤解時練習原諒。

幾乎每一種良性溝通指南都會有這條核心原則：讓說話者將焦點集中於分享自己而非他人的事。許多溝通專家都會鼓勵人們使用「我」的陳述句（I statement），也就是以「我」而非「你」開頭的陳述。如果想說「你不在乎我的感受」，你可以改成「我覺得不滿足或沒受到關心」。使用「我」陳述句的規則雖然是一種實用的方法，但這也會造成困惑，因爲很多以「我」開頭的陳述，並未讓說話者分享有意義的內容，例如「我覺得你是個混蛋」。

這句「我」開頭的陳述句有意義嗎？

「我」的陳述句目標在於創造深入了解與連結的機會，作法則是貢獻你最熟悉的內容：你自己。自我表露愈多，「我」的陳述句就愈有意義，愈能夠跟你想要親近的人相互溝通。以下是「我」的陳述句範例，雖然句子很簡單，內容卻跟說話者的內在經驗有關：

我爲了會議提早抵達，因爲我不喜歡遲到。

接著是以「我」開頭卻未達到同樣效果的陳述句範例：

我以為會議提早開始了。

雖然這個句子表達了說話者的想法，可是並未特別透露出關於說話者的實質資訊或內在經驗。我們知道了關於會議已經開始的一些背景，但別無其他。

這項練習會幫助你練習覺察「我」的陳述句表露了多少自我。閱讀以下的陳述。如果你認為句子透露了一些關於說話者內在經驗的實質內容，請圈選是。如果你覺得沒有，則圈選否。

1. 我怕黑。 是／否
2. 我讓你遲到了。 是／否
3. 我覺得你很失禮。 是／否
4. 我要你別再指使我。 是／否
5. 我要我們加快計畫進度。 是／否
6. 我覺得自己不受歡迎。 是／否
7. 如果你坐下來跟我談，我會很感激。 是／否

8. 你安全回家後，我鬆了一口氣。 是／否
9. 我再也不會去那家餐廳吃飯了。 是／否

答案與說明：

1. 是。

「我怕黑。」這透露了一種內在經驗，表示說話者對自己的了解。

2. 否。

「我讓你遲到了。」雖然負責的態度可能是適當的，但這個陳述句並未透露什麼資訊。說話者將錯誤歸咎於自己，可是沒有提供任何關於自身感受的實質資訊。比較有意義的陳述句會像是：「我很後悔我準備的時間比答應的更久。」

3. 否。

「我覺得你很失禮。」這個陳述句表達了一種評估，但完全沒透露關於說話者的事。這可以改成：「我不想容忍你對我說話的語氣。」

4. 否。
「我要你別再指使我。」這個陳述句聽起來比較像要求，而且並未直接透露出關於說話者的內在經驗。這可以改成：「我太焦慮了，現在沒辦法聽你指揮。」

5. 是。
「我要我們加快計畫進度。」這個陳述句確實透露了說話者的要求，不過語氣可以強烈一點。這可以改成：「加速工作流程好讓我們全部提早結束並離開，這個想法讓我很興奮。」

6. 是。
「我覺得自己不受歡迎。」這個陳述句明白透露了只有說話者才知道的內在經驗。這是很好的開始。

7. 是。
「如果你坐下來跟我談，我會很感激。」這個陳述句清楚透露了內在經驗的預期。

8. 是。

「你安全回家後我鬆了一口氣。」同樣的，這個陳述句表達了說話者的內在經驗。

9. 否。「我再也不會去那家餐廳吃飯了。」如果是預測未來的行為，這個陳述句也許是正確的，可是並未對說話者在餐廳的經驗提供什麼資訊。這可以改成：「那次食物中毒讓我不敢再到那裡吃飯了。」雖然這個陳述句不是以我開頭，卻透露了更多說話者的內在經驗。想讓「我」的陳述句達到效果，不一定總是要以我開頭。

加強聯繫

當親近關係提供了支持與養分，我們跟壓力之間就會產生一道緩衝，我們會有成長的空間，並且進一步朝目標邁進。目前爲止，我們探討了支持親近關係的關鍵要素，包括發展信任、盡量接受自己和他人，以及親自清楚地溝通。爲了讓你更明白正面連結與支持在關係中的重要性，我想要進一步討論某個可能對加深關係連結造成阻礙的因素。

小時候，我們大多數人都學過這個金科玉律：「你要別人怎樣待你，你也要怎樣待人。」一般來說，這項法則仍然適用。在待人與受到對待時，我們通常要的是仁慈、負責、誠實。

然而，在親近關係與愛情關係中，我們也有特權能夠了解所在乎之人的特殊怪癖和偏好。我們會花時間跟他們相處並注意他們，因此可以「就近」觀察他們。我們知道什麼能讓他們臉上露出笑容，什麼能讓他們開心，這可能跟我們一樣，也可能不同。

我們最重要的關係很特別，因爲我們可以非常了解對方，有機會特地爲他們營造正面的經驗。

取悅某人

為了讓你的關係充滿支持與養分，請主動做一些能夠讓對方開心的事。在關係中稍微努力建立正面連結，就能為雙方營造溫暖的感受。所以請填寫以下的空格，並在下個星期努力實行這些事！

你生命中的某人	我這週可以做什麼取悅對方
範例：我的弟弟	範例：傳簡訊告訴他，我對他拿到學位的事有多麼驕傲。

本章摘要

- 安全依附是一種聯繫的類型，在親近或依賴他人時不會感到壓力。
- 身體的資源並非聚焦於處理壓力和威脅，因此可以用來解決關係中的問題。
- 對關係的安全與不安全態度，可能在表面上產生類似的結果或行為。我們必須探究動機、想法和感受，才能夠看出兩者之間的差異。

你可以在本章中學到的技巧包括：

- 如何區分安全依附行為和偽安全的行為。
- 如何辨別「我」的陳述句是否傳達了說話者自我表露的實質內容。

Chapter 5

六種依附類型互動

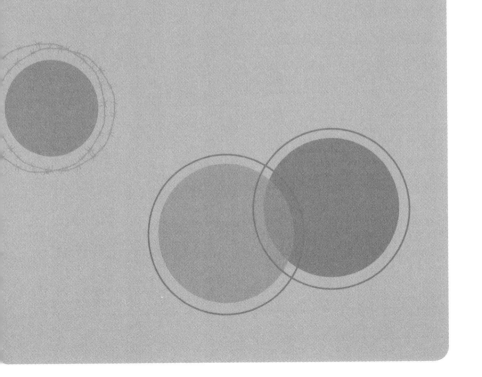

本章針對關係中特定依附類型的組合，提供了討論與範例。任何類型組合都能建立堅強且具有安全感的夥伴關係，但每一種組合也都會面臨獨特的挑戰。

務必記住，不同的關係可能會讓你的依附類型表現出不同的面向。每份關係都有其特徵，這是由每位夥伴帶來的一切以及夥伴間共同的歷史所組成。每個人都會貢獻自己的才能與天賦，但也會帶來脆弱和不足。

不安全依附模式會在有壓力的時候出現，例如發生衝突時、關係中發生重大轉捩點和決策點、關係之外的某件事對一方或雙方造成壓力，或是在其他艱困的時刻。依附類型通常會決定人們如何運用這份關係來面對壓力因子。如果某人容易產生焦慮，也許就會向夥伴尋求大量的支持與認可。如果某人傾向於逃避，也許會寧可保持低姿態，直到風波過去。如果某人有安全感，也許就會努力確保雙方能夠一起緊密而安全地走出充滿壓力的局面。

整體而言，人們無法避免自己天生就有哪種依附反應。不過要是我們毫無限制地展現自己的不安全依附模式，到頭來也許就會納悶相同的關係問題爲何一直重複循環。最後，我們可能會想付出關注與努力，藉此了解自己和夥伴的模式。

你能從本章學到什麼

在這一章，你會了解關於六種依附類型互動的辨識徵象：焦慮—焦慮、逃避—逃避、焦慮—逃避、安全—焦慮、安全—逃避、安全—安全。這些資訊會幫助你逐漸覺察自己的依附類型在關係中有何表現，並學習識別每種互動中常見的特定優點與陷阱。透過每種依附配對中對伴侶的描述與範例，你會看到每種組合都能夠形成有安全感的關係，也會看到導致該配對缺乏安全感的例子。

本節也包含針對你和夥伴而設計的練習，內容利用了能夠促進親近的遊戲與儀式，目的是要培養安全的連結。雖然每種依附配對中，都針對依附類型互動特有的陷阱與優點，提供了建議的練習，但那些練習不只適用於浪漫關係。想找到練習的夥伴很簡單，只要跟你親近的人分享就好，讓對方知道你爲什麼想跟他們一起嘗試，並且詢問他們是否也想這麼做。

我最愛的遊戲

你做得很好，一直保持開放、輕鬆的心境來到了這一章。你記得小時候玩遊戲時的興奮與想像嗎？跟別人一起學習和解謎時，你的大腦會處於最佳狀態。玩耍的樂趣也對成人有益，能夠改善我們連結、思考、創造、感受正面情緒的能力。

為了讓你回想起玩耍的感覺，請列出你記憶中最喜歡玩的三到五個遊戲，無論是童年或成人時期的都可以：

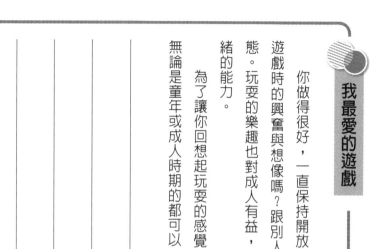

在閱讀本章時，請盡量保持你在玩那些遊戲時的態度！

焦慮—焦慮型互動

兩個焦慮型的人很可能會是熱情的關係夥伴，雙方都會在有壓力的情況下擔心被遺棄。焦慮—焦慮型的配對通常很熱情，因為他們不太會抑制自己。他們很開放，願意給予，偶爾還會給得太多。

這種配對最糟的情況是雙方都覺得被對方遺棄，而且衝突可能會造成最大的痛苦。這種遺棄感受的觸發因素因人而異，不過在焦慮依附型的夥伴身上通常會以或大或小的方式表現出來。貝絲和西西就是這樣。

貝絲和西西年近四十，是認識超過十年的最佳好友。兩個人都屬於焦慮依附型。她們都是律師，喜歡好的論點。這些年來，她們的友誼中發生過一些小事件，突顯了她們的依附不安全感，例如貝絲在西西沒邀請她參加音樂祭時覺得被遺棄，或是西西因爲貝絲無法針對某件案子給她建議時內心受傷。她們一向都能解決這些衝突，隨後也會對她們的友誼感到愉快。

西西結婚並生了小孩之後，她們的關係安全感第一次受到了考驗。突然之間，西西可能要一個星期之後才會回覆貝絲的電話，而以前她都是當天就會回電。有了新的家庭義務後，西西有空的時間愈來愈少了。貝絲也發現自己對西西跟社區其他家長建立的新友誼嚴重吃醋。

雖然西西很高興能建立家庭，不過婚姻和母親身分的義務與責任讓她吃不消。她嫉妒貝絲的自由，也把她們缺少親近的事視爲被遺棄。她想要貝絲對她的家庭表現得更有興趣一點，也怨恨貝絲太不努力維持友誼了。

她們抱怨彼此好幾個月，認爲對方怠慢，最後也都因爲受到對方「指控」而有了防衛心。西西覺得自己因爲結婚和建立家庭的事被怪罪。貝絲怨恨西西認爲自己現在有了孩子，所以應該由貝絲付出額外的努力來維持友誼。雙方都覺得被對方遺棄了。

不過，最後她們發現兩人有同樣的感受：她們都想念彼此，也都不確定在生活發生變化之後該怎麼保持友誼。當兩人暫時停止因爲壓力而指責對方，便看出了彼此對這份友誼有多麼投入。吵架只是以錯誤的方式把這種感受展現出來。

屬於焦慮—焦慮型互動的伴侶和關係夥伴，比較容易陷入長期指責對方的局面。他們很少帶有惡意，反而都很想找到滿意的解決方式，也願意努力去做。但就算如此努力，不安全感和焦慮還是會讓他們產生驚慌，也可能因而箝制了善意。在長期有不安全感的情況下，你很容易根據恐懼來解讀所愛之人的行爲，就像貝絲和西西在覺得被遺棄時所做的。這類關係常見的結果是，雖然雙方盡力想跳脫窠臼，卻發現自己一再陷入同樣的爭執。

如果雙方能夠察覺這種敏感性被觸發了，運用良性溝通，並且以諒解的方式回應，就可以將驚慌的情況轉變成一種機會，藉此明白彼此有多麼互相了解，多麼重視雙方的連結。焦慮依附型的人也能發自內心理解那種感到被遺棄的痛苦，因此有可能發展出更深厚的同理心與連結。

「不，不，好」遊戲

合理的界限是穩定關係的基礎。為了有合理的界限，你和夥伴都必須了解說「好」的情況與感受，以及說「不」的情況與感受。對焦慮的人而言，說「不」可能會很困難或很可怕。在這個遊戲中，你和夥伴會輪流向對方說「不」，持續幾遍，等到你們安心了才說「好」，而你要密切注意自己與夥伴的反應。

對提出要求並反覆聽到「不」的夥伴來說，這也是一種機會，可以根據合作提出要求、利用回饋循環改善自己的方法、持續嘗試不同的新策略。這個遊戲也非常適合精進你的非語言溝通技巧，並且更有效地利用身體語言、說話語氣和語調、眼神接觸，還有記得要保持遊玩般的輕鬆態度！

1. 面對面舒適地坐下，距離要夠近，好讓你們能眼神接觸並解讀彼此的表情。決定誰當夥伴A，誰當夥伴B。
2. 夥伴A：你要做的是重複以「拜託」這個詞提出要求，並且採取不同的表達方式，直到夥伴B說「好」。你不能使用其他字詞，但你可以用不同的情緒、態度、語氣來表達。你也可以利用身體語言和眼神接觸等不同方式來溝通。如果有幫助，你可以一邊想著某個要求一邊說「拜託」，但別把你要求的內容告訴夥伴。持續嘗試不同的方式，直到你的夥伴說好。

3. 夥伴B：你要做的是從一開始就說「不」，直到你真的感覺想說「好」。如果有幫助，你可以想像夥伴提出了某種要求，但別把你想像的內容告訴夥伴。

討論問題：

- 你說「不」的時候有什麼感覺？
- 你什麼時候說「不」最簡單？
- 當你發現自己想改口說「好」時，你的身體有什麼感覺？
- 你在夥伴身上看見了什麼，而想說「好」？

● 如果你從頭到尾都沒說過「好」，那麼夥伴可以做什麼來幫助你真心說出「好」？

筆記：

逃避—逃避互動類型

逃避—逃避型配對在相處的前幾年，經常使人覺得很輕鬆。「衝突？什麼衝突？我們相處得太好了。」這些人達成了一種心照不宣的協議：「如果你不破壞現狀，那麼我也不會。」

早在入主白宮之前，唐納．川普（Donald Trump）就曾在與第三任妻子梅蘭妮亞（Melania）結婚不久後，描述了他處理婚姻的方式。「我們的關係就是這麼自然……我可不想回到家還得處理關係。需要處理的關係是行不通的。」梅蘭妮亞也呼應了這種方式。「他隨時都在工作……我不想改變他；我不想說『回家陪我』。我不想改變他。我想要給他空間。我認爲這對關係很重要。」他們對婚姻的說法呼應了逃避—逃避型關係的早期階段。在這個階段中，一切似乎都非常順利，因爲在談到可能會導致不悅的事情時，雙方都會避開彼此。他們開心地享受關係中理想與輕鬆的部分，然後忽略其他一切。

隨著時間過去，當其中一方或雙方的需求與要求逐漸演變，而對方難以提供他們想從關係中得到的東西，這種模範關係就可能會瓦解。當其中一位夥伴打破了心照不宣的協議而開始抱怨，需求未得到滿足的情況就會變得令人無法忍受。這種狀況發生時，看起來會比較像是焦慮—逃避型的互動。這些抱怨在一開始可能都是間接的，不過要是情況沒改善，最後彼此的挫折感和敵意就會升高，如果他們再不做點什麼，關係就會陷入麻煩。

錫安和凡妮莎在十二年前結婚。他們在某晚的舞會中認識，隨即墜入愛河。錫安的朋友描述他是個有趣、有活力的人，凡妮莎的朋友則認為她樂於付出、負責任，而且有天賦。除了必須討論嚴肅或有衝突的話題以外，他們在一起時總是很開心。每當遇到那類話題時，他們就會想不出笑話，身體語言也會變得僵硬。兩人都對彼此的痛苦很敏感，所以盡量不讓關係的問題對彼此造成「負擔」。

他們有各自的逃避方式。在一起時，他們會利用幽默感和分散注意力。凡妮莎的工作需要旅行，而她大概會額外接下不必要的旅行任務。錫安則是以「照顧凡妮莎」的名義，否認自己挫折、受傷與憤怒的感受。這對他造成了壓力，最後導致不明的消化問題。這份關係以這種方式持續幾年後，錫安再也克制不住了，他開始表達不滿，這讓兩人都很意外。凡妮莎發現當錫安表達不滿或憤怒時，也會觸發她在兩人之間從未解決的事件中所積壓的憤怒。很快地，衝突的狀況加劇了。

凡妮莎和錫安發現他們會處於這種情況，是因爲他們盡量不打擾彼此，而且做得太好了。潘朵拉的盒子一旦打開，就再也關不起來了。爲了讓兩人再次喜歡這份關係，他們必須讓自己忘掉要避免衝突，並且學習如何處理之前積壓的所有問題。他們也必須教會自己如何在問題出現時解決它，這樣才不會在幾年後又回到同一個地方。

最後，這對伴侶有了進展。他們花了一段時間學習主動察覺彼此的情況，而不是只維持表面的和平，後來他們又重新愛上了這份關係。避免衝突並不是相處融洽。這對伴侶必須學習降低對衝突的戒心，並且使用新工具，以感覺沒那麼可怕的方式處理他們的差異。

逃避—逃避型的配對會轉往不安全型的方向，因爲他們愈逃避，在關係中就愈難維持眞正的安全感。雖然逃避的策略能讓你踢開路上的小阻礙，可是到最後，總有人必須為改變的需求和要求負責，或是冒險失去這份關係。在後期階段，這種彼此繼續逃避的關係，在情緒上的感受就像是走進一片地雷區，而在其中穿梭所要耗費的時間與精力，將會龐大到讓彼此的愉快蒙上陰影。

確認感受

如果不刻意努力表達與接受個人的需求，那麼一份關係裡的互動可能會重蹈覆轍，人們也會變得疏遠。有一種簡單的方式可以練習深化關係：使用「感受」詞彙以定時確認感受，而不是談論表面的事件，或者只是告訴對方自己沒事。識別更多精確的感受，看起來或許是件小事，但是在強化親密關係方面卻有很大的差別。

這項練習可以跟夥伴一起或是獨自進行。使用左頁表格的「感受」詞彙，完成後續的練習。

感受清單

負面 高度激發	分離	負面 低度激發	正面 低度激發	連結	正面 高度激發
害怕	冷漠	厭倦	鎮定	接受	驚奇
挑釁	防衛	沮喪	集中	深情	驚訝
惱怒	失望	喪失信心	自在	欣賞	有創意
焦慮	疏遠	氣餒	滿足	好奇	熱切
怨恨	分心	灰心	平靜	友善	自主
困惑	懷疑	陰鬱	高興	感激	精力充沛
疑慮	羞辱	沉重	安定	鍾愛	活躍
暴怒	冷淡	絕望	放鬆	直率	熱中
疲憊	嫉妒	無關緊要	安全	有趣	興奮
驚恐	防護	憂鬱	滿意	尊重	充滿希望
無助	憤恨	麻木	安詳	安全	快樂
猶豫不決	警惕	悲哀		同情	熱情
憤慨	孤僻	猜疑		感動	驕傲
大怒		不滿		輕信	意外
惱火		不感興趣		敬重	
緊張					
難以承受					
驚慌					
激怒					
心煩意亂					
擔憂					

1. 跟夥伴一起或對自己許下承諾，下個星期你要每天確認感受。這可以做得很簡單，或是詳細一點，加上一些解釋來說明你有那些感受的原因。試著挑戰自己，比平常的你再多描述一些內容。你必須使用感受詞彙，而且不能只說你覺得還可以、很好，或是任何籠統的說法。你必須使用前一頁的感受清單，來幫助你找到特定的感受詞彙。把詞彙記在下一頁的日曆上，稍後會再討論。

2. 達成協議，確定什麼時間與方式最適合你們做這項練習。方式可以是親自會談、透過電話，或者利用簡訊。內容可以很簡單，像是「我們來記錄吧。你今天感覺如何？」另外，請討論你是否想要夥伴以鼓勵、感謝的態度回應，還是不必回應，或是其他方式。如果你是獨自練習，則將你的回應寫在筆記本中。

3. 一週結束後，請回答「感受確認日曆」之後的討論問題。

感受確認日曆

日子	我的感受	夥伴的感受
星期一		
星期二		
星期三		
星期四		
星期五		
星期六		
星期日		

討論問題：

- 這個經驗跟你平常與人分享的感受，有何不同？
- 關於自己，你學到了什麼？
- 關於夥伴，你學到了什麼？
- 你繼續使用感受詞彙記錄的可能性？

筆記：

焦慮—逃避型互動

在依附理論中，這種由焦慮型和逃避型組成的配對，常稱為「疏遠者—追逐者」（distancer-pursuer）互動。你們兩人對威脅都具有第六感，可是本能會讓你們往相反的方向去。你們不是憑直覺理解對方的行為，反而比較像是因此覺得困惑和受傷，還進一步驅動了你們原有的不安全感。這時誤解可能會變得更嚴重，而且會有一位夥伴懇求，另一位夥伴則是退縮。

亞伯和賽維爾是大學教授，現年五十多歲，在專業上一起搭檔研究超過了十年。他們都有妻子，可是就連兩位妻子也承認她們丈夫的研究和關係，在許多方面都比婚姻更重要。

亞伯比較像是逃避依附型，賽維爾則偏向焦慮型。他們在學術上相互競爭，偶爾會因此意見不合。亞伯的個性比較容易親近，這表示在他們共同發表時，他經常會得到大眾較多的關注，而這有時會讓賽維爾覺得自己被占便宜，或甚至被冷落了。

由於賽維爾屬於焦慮依附型，所以遭到亞伯遺棄並失去自己重視的連結一事，讓他感到驚慌失措。他把亞伯的名聲解讀爲尋求關注，而且也覺得自己被忽略。賽維爾在年輕時就有過被低估與冷落的感受，因此在成年後對那種互動極爲敏感。賽維爾開始以或大或小的方式提出異議。他指控亞伯很自私，還威脅說不再跟亞伯合作了。

然而，尋求關注從來就不是亞伯的目標；他只是有禮貌，而且對詢問研究的人來者不拒，因爲他不想說不，想要營造正面的名聲。亞伯屬於不安全逃避型，對焦慮型的塞維爾也犯下了一些可想而知的錯誤與誤解，結果讓對方很不高興。當賽維爾跟亞伯對質，說自己對研究的貢獻似乎遭到忽略，或者亞伯在平常顯得很陰鬱時，亞伯的解讀是賽維爾在批評他的性格。這讓亞伯覺得自己做什麼都不對，而這正是他相當敏感且在意的事。賽維爾的抗議感覺起來就像是攻擊，讓亞伯覺得自己被逼入了困境。他一再嘗試讓事情緩和下來，可是最後都會受不了而反擊。

賽雅爾和亞伯的情況一直沒好轉，直到他們終於學會理解並重視自身和對方受到的情緒傷害。亞伯學會傾聽並以更體貼的方式回應賽維爾，賽維爾則學會以較不具威脅的方式向亞伯表達不滿。他們努力確保共同執行的計畫是以合作的形式呈現，也盡可能把握機會一起推廣他們的研究。兩人一開始並不願意改變自己的方式，但說到底他們的友誼還是值得保護，即使這表示要冒險做出改變。

扮演動物

處於焦慮—逃避型互動的伴侶，經常陷入自身的模式裡，雙方都因為感受到依附壓力與威脅而變得更死板。神經科學家史蒂芬・波格斯（Stephen Porges）認為，遊戲是針對威脅的解藥。在夥伴不安全感極為強烈的關係中，最好能有許多促進安全與玩耍樂趣的互動，而且愈多愈好。這個遊戲就是其中一項工具，可能會引發活動、笑聲與歡樂。

1. 回想你們雙方最近兩次或三次意見不合而後來達成協議的事，這就是你們再創造遊戲的依據。
2. 每個夥伴選擇一種動物。那可以是你最喜歡的動物，或是其他動物。你們要使用想像力模仿所選動物的動作和聲音。

3. 重現意見不合的場景，但只能使用你所選動物的動作和聲音。你可以吠叫、發出喵喵聲、吼叫、滑行、猛撲、急促快跑。但不能使用人類語言！
4. 計時十分鐘，在時間到或爭執解決時停止。
5. 時間到了以後，利用後面的引導問題，討論跟對方一起這麼做的感受。

討論問題：

- 動物的形式為你帶來了什麼不同的體驗？
- 動物形式的夥伴讓你有什麼體驗？
- 這項練習有什麼令你驚訝之處？

筆記：

安全—焦慮型互動

以安全—焦慮型互動爲特徵的關係，可能偏向安全或焦慮，這取決於參與者如何處理衝突，有時也取決於誰是關係中居於主導的人。偏向焦慮的人傾向於吸引關注，因爲他們經常有更急迫的情緒，而且更容易有衝動的行爲和言論。當焦慮的夥伴學會自我安慰，也更懂得反省，或是當較有安全感的夥伴能夠學會在必要時幫助焦慮夥伴，他們的互動就會改善。以下範例描述的是一對安全—焦慮型伴侶，以及他們如何陷入又脫離這種夥伴關係會產生的困境。

泰倫斯基本上是安全依附型的人。他在兩年前娶了貝絲，而貝絲有強烈的焦慮傾向。最近，貝絲和泰倫斯的妹妹之間的衝突加劇了，導致貝絲沒受邀參加泰倫斯妹妹的產前派對。這在泰倫斯家中造成了緊張情勢，而且貝絲此後就一直心煩意亂。貝絲小時候就曾被姊姊們霸凌，這加深了她在親近關係中對於被拒絕的恐懼，也加重了她成年後在關係中對於這種恐懼的焦慮反應。現在，無論是實際上或想像中，這次衝突都牽連到其他家人，這簡直令人太痛苦了。

泰倫斯正在處理這個艱困的情況，而他一直以來都是這樣，只要貝絲感到焦慮，他就會這麼做。他是具有代表性的安全型，能夠利用笑話、笑聲以及非常溫暖而眞誠的支持讓她投降，而這種安慰她的方式向來都很有效。可是這次的情況卻行不通。儘管泰倫斯並未站在發生衝突的任何一方，也沒有特別跟妹妹親近，貝絲還是只能感受到自己那份被放大的痛苦，也發現她很難讓泰倫斯或他父母，跟妹妹的行爲劃清界線。這是不安全焦慮的典型特徵；處於反應模式的時候，他們會把焦慮和痛苦投射到眼前所見的一切之上。

貝絲向泰倫斯尋求幫助，希望他可以確認對她的忠誠，藉此抵銷她被泰倫斯妹妹拒絕的痛苦。但是泰倫斯覺得自己在妻子和家人之間被拉扯，而且他無法滿足貝絲的需求。

當貝絲要求泰倫斯跟他妹妹切斷關係，而他拒絕這麼做時，兩人就陷入了僵局。他表現了安全依附的特徵，清楚明白地直接回答她，沒有讓爭吵變得更嚴重（這是焦慮型的反應）或迴避要求（這是逃避型的反應）。

透過諮商，他們學會建立起一種用來保護聯繫的架構，而這也讓他們能夠尊重個別的家庭關係。泰倫斯學會確認貝絲的感受，並且以更具體的方式處理她的恐懼。貝絲在努力解決自己被霸凌的創傷時，也更能維持情緒的界限，在她跟泰倫斯的聯繫中感受到更少威脅與更多自信。

貝絲和泰倫斯的關係早已得益於泰倫斯的安全依附型感受能力，正如先前他以鎮靜與關懷的行為，幫助貝絲在焦慮傾向中感到安全。他們需要協助的地方是，家庭關係讓情況變得更複雜，使得他無法讓貝絲確實感覺自己受到重視與保護。泰倫斯不能在沒有罪惡感的情況下達到貝絲的要求，因為跟他妹妹切斷關係的代價太高了。他們願意接受外在的支持與幫助，最後終於以雙方都滿意的方式解決了問題。

建立儀式

儀式是由行為與習慣組成，象徵著某件重要的事。在關係中建立儀式，是提醒你們有共同價值觀的絕佳方式。這項練習會幫助你為自己和所愛之人建立一個非常特別的儀式，讓雙方覺得安全以及有安全感。

1. 在下列關係價值觀中，選擇一個你們都同意對這份關係很重要的項目，或是選擇各自覺得重要的項目：

□ 仁慈　□ 施與受

□ 欣賞與感激　□ 喜愛

□ 坦率　□ 逗趣

□ 承諾　□ 歡樂

2. 想出一個你們可以一起做的簡單活動或行為，而你們做的事某種程度象徵著這個價值觀。這可以是非常簡單的行動，不過建立了共有的意義之後，就會變成特別的儀式了。在以下的儀式範例中，前述的每個價值觀都集中於「茶」：

仁慈：每天晚上輪流為對方泡茶。

施與受：在早上為對方泡茶。

欣賞與感激：在喝茶之前向對方舉杯致意。

喜愛：一邊依偎在沙發上一邊喝茶。

坦率：邊喝茶邊聊今天發生的事。

逗趣：輪流以新口味的茶讓對方驚喜。

承諾：每天晚上喝相同口味的茶。

歡樂：每週舉辦有音樂和跳舞的茶會。

3. 針對一起進行儀式的頻率以及開始的時間達成共識。如果可以，請討論出你們每天能夠一起見面做的事。

在這裡記下你的獨特儀式及其意義：

安全—逃避型互動

安全—逃避型關係可能轉爲逃避，也可能展現更多安全的特徵。如果安全型的夥伴不主動去了解逃避型夥伴的模式，他們在相處過程中可能會不斷感到驚訝。

喬依思和胡利歐這一對夫妻目前三十多歲。在一起八年後，喬依思發現胡利歐跟另一個女人發展了關係，他們還會互相傳送激情和鹹濕的簡訊。胡利歐在喬依思發現時就結束了不倫關係，不過他們還是來接受治療，想看看是否能恢復並修補彼此的信任。在這件伴侶不忠的案例中，他們的依附類型對婚外情的發生有重大影響。喬依思的依附類型主要是安全型，胡利歐則主要是逃避型。

胡利歐將喬依思理想化，一直擔心自己配不上她。他害怕失去喬依思，所以在提起財務或其他可能會讓她不高興的主題時，他都會陷入掙扎。他會掩飾或避開可能的衝突來源，因爲他害怕喬依思會離開。在無法自由表達想法的情況下，他覺得自己被婚姻束縛了。他心中有一部分一直懷疑喬依思最後會離開，所以外面的關係對他而言就像是一種保險。

喬依思明白自己對這段婚姻的維持方式感到自滿。胡利歐總是滿足地說一切都很好，而她也輕易相信了。有一次，她懷疑胡利歐偷情，於是問他，而他否認了。之後她就不再注意這件事，儘管她的直覺告訴自己情況並非如此。她心裡有一部分想要相信對方已經完全坦誠了。

在公平地對胡利歐的外遇做出反應時，喬依思展現了安全依附型的特徵。她覺得遭到背叛，也顯得很震驚，但她的反應很有分寸，也明確表現出想要得到更多資訊、取得協助，而且不對發生的事以及這份關係受到的影響貿然下結論。

喬依思開始提出更多問題，想知道胡利歐對財務和其他關係的想法，以及他對他們一起生活的眞正感受，而他們的婚姻也因此變得更加鞏固了。由於喬依思通常都能保持分寸，不散發出威脅感，所以這幫助胡利歐不再封閉自己，願意冒險擁有一段更坦率與誠實的關係。隨著時間過去，胡利歐變得更有自信了，他知道儘管自己有缺點，喬依思還是會接納他。

親密討論

有意義的關係是以彼此之間的了解為基礎，也就是其他人不知道或沒花時間去了解的事。認識一個人，是一種以好奇、互動和回饋為依據的過程。這種過程需要有勇氣分享自己的許多事，也要願意認識並理解另一個人。這項練習會讓你們雙方有機會促進親密的對話。

1. 找個舒適的地方與你的夥伴面對面坐著，選擇由誰先開始。
2. 在每個人「輪流」的期間，提出準備好的問題，然後嘗試猜測夥伴會如何回答問題。下方的「句型」可以協助你回答。
3. 在嘗試猜測對方的回應後，詢問你的夥伴「猜得接近嗎？」然後讓對方糾正或確認。在這段期間，請你專注聆聽夥伴，不要打斷。說完之後，感謝你的夥伴闡明答案，接著開始下一個問題。
4. 回答完四個問題之後，角色交換。

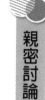

問題和句型：

- 什麼對你最重要？我認為對你最重要的是……
- 你有什麼事不想讓我知道？我認為你不想讓我知道的是……
- 你徹底相信我嗎？我認為你確實／並未徹底相信我，因為……
- 你最不喜歡自己的什麼地方？我認為你可能不喜歡……

請寫下你在練習中感到驚訝的事：

安全—安全型互動

不意外地，安全—安全型的配對讓人很高興能參與，而且也很好相處。這類伴侶似乎都會公平地對待彼此，而且絕對不會犧牲對方來保護自己。他們可以在個人的興趣和共同的目標之間輕易取得平衡。這類伴侶也很擅長在溝通時發現誤解並迅速澄清，而不是讓難受的感覺惡化。

我們很自然會認為這類伴侶過得很輕鬆，而且有非常穩固的關係。不過，這些關係偶爾也會受到考驗，就跟其他關係一樣。我們來思考一對屬於這種組合的伴侶，看看這個類型特有的優點與挑戰。

荷莉和里羅都來自安全依附的背景。他們在一起超過十二年，從高中就認識彼此，在大學開始交往。在人生最菁華的時期，他們的關係感覺堅定不移，實際上也是如此。當然，他們會有日常的鬥嘴，但很擅長花時間傾聽彼此，並且保持開放的態度，願意改變自己的觀點。他們盡量相信對方好的一面，通常也不會懷恨在心。

由於兩人都是相當有安全感的類型，所以這種方式對他們而言很自然。

他們在生命的早期就認識彼此，長久以來一直互相扶持，尤其是在職業方面。荷莉是一位管理顧問，里羅則是最近決定轉換跑道，要從行銷業進入教育界，而他直到最近才發現這是他的熱情。里羅已經開始攻讀教育碩士學位，這是他生命中第一次因為有目標而感到精神煥發，而且身邊也充滿了能夠激發智識的對話。

里羅花更多時間跟同學相處，他在教室裡學習、研究、觀察，發現自己跟他們有愈來愈多共通點。他和同學發展出深厚的友誼，他們都有求知欲，喜愛文化活動，而且有共同的價值觀。他發現，雖然他和荷莉彼此相愛，卻沒有太多相同的興趣。一開始，他試圖讓她參與他熱愛的新事物，但那些事一直無法吸引她。這沒關係，不過兩人之間因此產生了一道愈來愈寬的裂縫。雖然荷莉見到了這種情況發生，可是她並不知道該怎麼做。他們在一起很舒服，而她對此相當滿足，也不覺得里羅可能會做出嚴重威脅到這份關係的事。

正如你所見，生命中的轉變可能會導致一份關係的安全感面臨重大挑戰。人會改變，而要是不夠用心地想辦法安排關係的優先順序並帶領關係度過挑戰，那麼轉變可能就會造成威脅或擾亂。

里羅與荷莉已經有效運用過處理這種關係安全感擾動所需的一些工具。他們都屬於安全依附型，所以能夠輪流傾聽彼此，並且眞正考量對方的觀點。

然而，他們必須決定將關係擺在首位是否仍有意義，畢竟里羅正在經歷重大的改變和成長。如果兩人決定這份關係值得繼續下去，就必須跳脫他們一起發展的滿足與舒適，才能注意到他們不斷成長與改變的需求，並且以合作、有創意的方式做出最好的反應。

如果他們決定分道揚鑣，可能也是因為他們根據安全依附的方式思考，而認為應該分手。分手會經過審慎考量與雙方同意，而他們會提供足夠的寬慰，讓彼此能夠以健全正常的方式繼續生活。

無論在一起或分開，安全依附型的夥伴都會考量彼此的需求，而且盡量公平。儘管屬於安全依附型，當這類夥伴變得疏遠或是處於人生轉捩點的十字路口前，他們有時還是會基於跟其他關係類型相同的理由，而結束一份關係或做出重大改變。

安靜的愛

若要讓兩個人變得親密，引發溫暖與安全的感覺，那麼延長眼神交會的時間是非常有效的方式。兩個人第一次眼神接觸時，無論彼此有多麼熟識，他們可能都會有一種警覺感，甚至是陌生感。不過要是繼續長而和緩地呼吸，放鬆眼神，兩人就會進入一種「安靜的愛」狀態，這會讓催產素和其他親密荷爾蒙開始發揮作用。

1. 面對你的夥伴，舒服地坐下。設定計時器，最短至少五分鐘，最長三十分鐘。
2. 看著夥伴的眼睛。你可以正常眨眼，但盡量不要別開眼神。如果你發現自己的目光飄開了，只要移回來繼續跟夥伴對看就好。
3. 向夥伴分享你的經驗。思考以下的提示：

- 有任何事讓你感到驚訝嗎？
- 這個練習有什麼困難之處？

- 這個練習有什麼簡單之處？
- 在練習之前，你覺得彼此連結的程度有多少？在練習當下和之後的連結程度呢？

筆記：

本章摘要

- 依附類型的互動主要有六種：焦慮—焦慮、逃避—逃避、焦慮—逃避、安全—焦慮、安全—逃避、安全—安全。
- 每一種互動都有可預料的特徵、對關係的挑戰，以及優點。
- 無論是什麼依附類型，關係安全感的基礎都是持續關心彼此，努力了解對方，以及你們可以一再提起的共同願景。

你可以在本章中學到的技巧包括：

- 如何利用儀式、遊戲、討論和非語言溝通來強化你的關係，並與對方更親近。

Chapter 6

建立安穩的未來

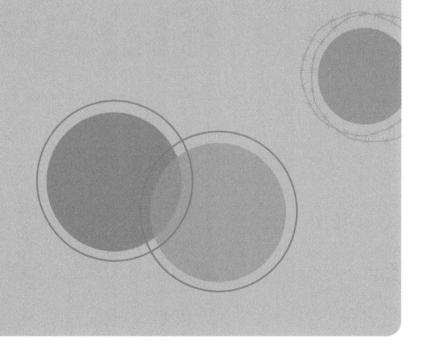

長遠之計

建立健全的關係是一輩子都不會間斷的過程。即使偏向安全依附型的人也會有高低起伏，遭遇新的關係變動，考驗他們的能力。我們所能做的，就是關注自己心中仍然因爲焦慮或逃避依附而掙扎的部分，並且持續使用我們所需的資源來治癒。理解並治癒你的依附不安全感，可能會對全部的關係發揮正面影響。

現代科學尚未完全了解關於大腦的一切，不過一般認爲這個複雜器官進化的主因，是要讓我們能夠建立關係並與他人溝通。尋求他人的支持，對我們而言是很自然的事，從出生到死亡都是如此。我們的大腦就是會這麼做。然而，依附不安全感以及我們習得的焦慮與逃避行爲模式，會在這些關係中對安全與信任造成阻礙。

治癒依附不安全感的旅程很複雜，也會隨著時間改變。浪漫夥伴關係可能會發生許多像這樣的問題，而且由於這類關係中經常有程度不一的**情緒依賴**（emotional dependence）狀況，所以依附不安全感可能讓關係變得最爲複雜難解。

隨著我們必須做出重大選擇，來決定如何跟那些讓我們信任、付出時間、一起建立情緒安全與安全感的人相處，現今的關係已經演變得極為複雜。在這個充滿選項的巨大場域裡，我希望你在各種關係之中都能夠記得自己的基本價值觀，並且運用技巧與工具將這些價值觀付諸實現。

治癒焦慮的自我

如果你在本書對焦慮依附的描述中發現自己有相符之處，你會知道自己的大腦和神經系統在某種關係壓力之下的反應，其實跟關係中的你並不一致。如果身體和大腦反應的方式不適合你，那麼你有能力改變，使其更符合你的關係價值觀。

你的第一步是要接受在關係中經歷過的想法、感受、身體感覺。原諒自己以前做過但行得通或甚至造成傷害的事。對正在發展的自己展現同情。

以下是一些邁向安穩關係的相關步驟：

- 耐心待人，同時跟你的需求與要求保持連結。

- 要知道人們無法滿足你的需求時，並不是針對你。
- 確認你和其他人對依附修補的看法。

戴絲瑞是我的一位當事人，她從焦慮依附轉移成安全依附時展現了巨大的變化。在回顧過去時，戴絲瑞知道焦慮依附在她的每一段浪漫關係中都發揮了影響。通常，她在關係中會很認眞，希望對方就是「對的人」。可是當夥伴辜負她，她的行爲就會變得更混亂，也更容易指責對方，導致最後逼走了他們。

她厭倦這種循環，想要了解如何在關係中找到對她有幫助的作法。她開始接受治療，盡量多閱讀相關的主題內容，也會找團體中受到敬重的人談話。她逐漸能夠在自己的生活中應用那些觀念。她下定決心，除非對自己的關係技巧更有信心，否則就不會投入認眞的浪漫關係。

這讓戴絲瑞有餘裕聚焦在她的團體和友誼上，也開始覺得自己除了浪漫關係之外，也可能擁有完整的生活。她會告訴人們她的需求（needs）與要求（wants），但如果對方無法達成，她也不會太難受。你的治癒之路可能跟戴絲瑞很像，也可能不一樣，但無論你採取什麼方式或跟什麼對象一起治療，都有可能遭遇到類似的問題。

治癒逃避的自我

如果你認定自己屬於逃避依附型，而且這對你的關係造成了負面影響，那麼首先要做的事就是記住「這並非你的錯」。這些模式早在你能夠做決定前就已經建立了，如果又沒有主要的性格形成經驗來矯正早期受到的傷害，你就會繼續採用自己熟悉的模式。

以下有一些步驟可以幫助你建立更安穩的關係：

- 對擁有需求和要求感到自在。
- 練習對你在乎的人分享更多自己的事。
- 學習如何處理與他人的差異。
- 學習跟覺得被你傷害的人一起修補。

另一位當事人阿里成功地駕馭了自己的逃避依附。阿里在一家鋼鐵工廠當焊工，那是個勞力繁重的環境，受傷和意外事件經常發生。他在操作一部非常靈敏的設備時，忘了一個重要步驟，結果受到重傷，被送去急診室。縫了二十八針的阿里在沉思一番之後覺得很難過，原因是沒有任何同事來問候他。

阿里的同事並非冷酷無情。事實上，這家工廠是一個能夠提供支持並強調團隊合作的環境。阿里沒收到什麼慰問的主要理由，是他在不知不覺中讓他們覺得如果對他表示關心，他就會突然轉移話題。所以現在他們知道那麼做沒有什麼意義。每當阿里在工廠受傷，無論嚴重或輕微，他都會輕描淡寫，認爲「這沒什麼大不了」。

接受治療一段時間以後，阿里學會了識別自己在關係中的特殊需求、要求和界限。他發現，當他更放鬆，多跟別人分享自己的事，他們也會對他敞開心胸。他甚至能夠偶爾向別人提出要求。

分享你的需求、弱點和要求，對你來說也許並不容易。你很可能會猶豫不決，或者覺得丟臉。我們遇到不熟悉的任何事都會這樣。給自己一些信心，只要你認眞投入並分享你的關係價值觀，你就會產生愉快的改變。

長久安穩的關係

關係中的長久安穩，來自你持續努力認識自己以及在乎的人。對許多人來說，這種努力一定會有成果。你很清楚這一點，因爲你開始喜歡跟他人的連結，並在你受傷或感到孤獨時依賴他們。

隨著你了解與接受那些影響你反應的感受和想法之後，你也會更自在地引導它們，並且能夠根據你對關係的看法做出深思熟慮的選擇。這一切只需要一點練習。至於你的努力，我希望也相信你能夠因此擁有全新且充滿希望的關係經驗。

情緒安全與支持會產生長久的安穩，而現在你是自己最好的顧問，知道怎樣才能做到。記住，要在關係中處理好事情，必須透過經驗和實驗。你也許會發現自己很重視跟某個人深刻而親密的連結。或者你會發現有三位最佳好友能夠實現你對長久安穩的願景。雖然我們的大腦就是用來與人連結，但對於該怎麼做，其實沒有什麼死板的公式。我鼓勵你尋找對自己有效的方法。

展望你的未來

花點時間想像你有一個積極正面且充滿連結的未來。隨著你精進自己的關係技巧，這些願景也會變得更清晰。想像一年以後你真正想看到什麼，然後思考以下的問題：

一年後的今天，你最在乎也投入最多的是哪一份關係？

你做了什麼不一樣的事來建立信心，讓自己覺得在關係中更安全、更熟練，也更能與人合作？

你愛的人對你的新行為有什麼反應？

前方的路

恭喜你為了改善自己的關係而努力！懷著讓自己成長的意圖，去檢視自己的態度和行為，這需要相當的勇氣。你在關係中迅速發展時，也要記得永遠都有犯錯和挫敗的空間；這反而會讓成長的經驗變得更豐富。本書的資源、日誌紀錄和以價值觀為基礎的練習，都是你隨時需要就能回來取用的工具。

我見過人們很快就發展出安穩的關係。每當我有機會見證他們的努力，就會覺得備感謙卑。謝謝你們這麼努力，也請記得你們的努力並不孤獨。只要有愈來愈多人為了自己和所愛的人致力於改善關係，我們就可以協助創造出一股風氣，藉此改變社會以及我們理解與對待彼此的方式。

Final Chapter

空白練習單

若要下載其他練習單，請前往
CallistoMediaBooks.com/AttachmentTheory.

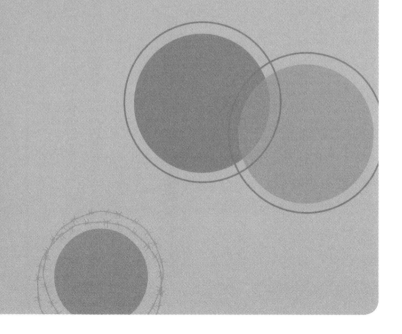

找出你的焦慮依附模式

我們來做一項練習，這會幫助你了解自己的焦慮依附行為到底是什麼。你將會深入挖掘一段不舒服的經驗，然而，這麼做的目標是協助你明白這種依附類型對你的關係有何影響。

1. 想一想在某段關係中讓你覺得不悅或不舒服的事。是什麼觸發這種感覺的？

■ **觸發我不悅或不舒服感受的事件：**

2. 每個人會因事件而感到受傷的原因都不一樣。如果我們放大你剛才提到的那段經驗，其中對你來說最糟的部分是什麼？

■ 對我而言，事件中最糟的部分是：

你願意了解自己的感受與經驗，探索它們為何以獨特的方式影響你，這真是太好了！這樣了解自己，對處理你的感受有很大的幫助。

這裡還有一個額外的練習；雖然這並非必要，可是對了解你生命中的這種感受模式極有助益。以下有一段從出生到二十歲的時間軸。我們生命中前二十年的經驗對性格的形成非常重要。如果我們在這段期間無法得到幫助，處理我們認為並覺得困難的事情，就會影響後來看待他人與自己的方式。

想一想你生命中的前二十年。你記得自己何時有那種感受或經驗，或是有類似的情況？在時間軸上以×劃記。

年齡	
1	
2	
3	
4	
5	
6	
7	
8	
9	
10	
11	
12	
13	
14	
15	
16	
17	
18	
19	
20	

那些會引發強烈感受的事件，大多是因為那種感受起源於早期的生活。你有在這段時間軸上劃×嗎？如果有，這是很正常的。接著在時間軸前進，在你記得有這種感受的年齡上劃×。試著至少在時間軸上劃三個×記號，而且你想劃記多少都可以。想一想你在家中、學校、工作、教會時跟人相處的經驗。

放下你的筆，深吸一口氣。你目前正在檢視生命中這種感受或經驗的舊版本。看著時間軸，思考下列問題：

1. 整體看起來如何？×記號有集中在一個區域嗎？或者是分散的？
2. 有令你感到意外的地方嗎？
3. 有沒有哪種特定的關係會讓你更常經歷這種感受？
4. 是否有任何人事物曾經協助你更容易度過這種感受？

緩解焦慮依附情況

這項練習會協助識別你在跟焦慮依附型的人發生衝突時，所採取的處理方式。想一想你生命中有誰的態度惱人，並且以批評或悲觀的方式表達需求。

你對他們表現出這種行為時的自然反應是什麼？

接著他們通常會有什麼反應？

識別出那種模式以後，想一想你在對焦慮依附做出反應時，採取什麼行為可能比較有用。這裡有一些建議，可以在你所愛的人處於恐慌或焦慮時提供幫助。在你已經做過或嘗試過的選項上劃記。

- □安慰對方。「我在這裡。」「我哪裡也不去。」
- □以適合這份關係的方式親近與接觸。如果對方是你的愛人，請滿懷著愛觸摸並擁抱。如果不是，請走上前，和善地跟對方眼神接觸並露出笑容，如果合適的話，可以握住對方的手。

□主導情勢。以清楚簡單的指令協助處理對方的焦慮。對陷入恐慌狀態的人使用短句，他會比較容易明白。「停止。」「慢下來。」「告訴我好消息。」「給我一點時間思考。」

□調整他們的期望。「我們過幾分鐘再談那件事好了，先等我們冷靜下來。」「等我們完成這件事以後再談吧。」

□尋求明確的回應。「你覺得這次我們討論的方式如何？」

下次你遇到焦慮行為的時候，會想要採取哪些方式呢？請寫在左側，當成你在關係中跟焦慮對象相處時的具體作法：

描繪你的情緒

情緒有心理與生理的要素，我們可能會對其中一種或這兩種都產生抗拒。將注意力轉向與某種情緒相關的身體感受，可以幫助我們更容易接受那種情緒。由於憤怒是非常強而有力的情緒，所以請嘗試以下的練習，看看對你的效果如何。

回想你上一次對親近的人生氣是什麼情況。你能稍微回想那種感覺嗎？你的身體哪個部位感受到了？

想像那種感覺的大小/形狀/溫度/顏色/品質。

何時發生的？

用筆在你感受到的身體部位做記號。

現在，深吸一口氣。就連想像憤怒，也會把那種感覺帶進你的身體！要知道有時候這種感覺會在你的體內，有時候則不是。練習告訴自己：沒必要抗拒。當這種感覺出現的時候，試著接受它的存在，並且對它出現的原因保持開放或甚至好奇的態度。學習以這種方式處理強烈的情緒，在你被觸發的時候會很有幫助。

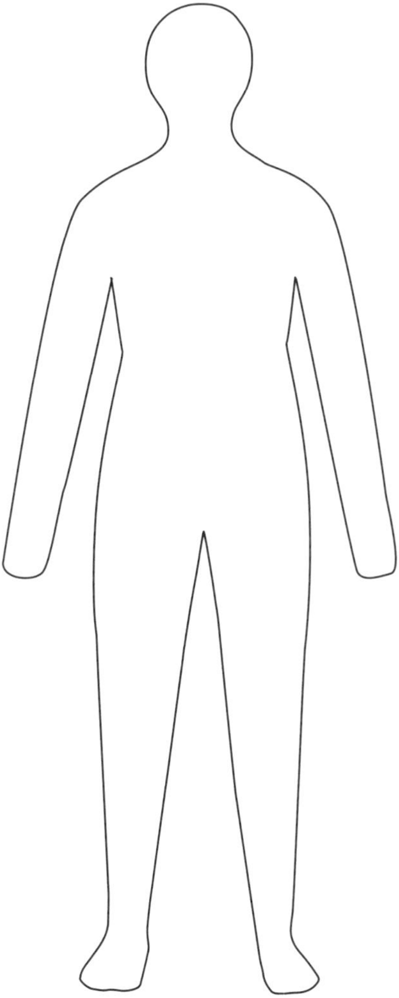

安全與安全感需求

取得同意只是第一步。跟依附相關的需求有兩種：安全與安全感。安全是指身體受到威脅的感受得以解除。安全感是指安心，知道現在與未來都能夠保有連結和資源。當你對某個人有安全感，感覺會像是那個人支持你，還會一直支持你，而且對方會以親切並富有同情心的方式看待你。在情緒上感到安全，以及對某人有安全感，就是關係中信任的基礎。

除非安全與安全感都能適當地存在，否則關係中的合作（例如共同的決定、計畫等）就不會順利，要維持良性溝通也很困難。這項練習會幫助你探索並識別你在有壓力的互動中，需要什麼才會有安全與安全感。你可以開始回想跟關係夥伴的某段互動，當時你的焦慮感導致溝通變得困難或一無所獲。

溝通變得困難時，你可以做什麼來安撫受到威脅的感覺？

（主要目標是幫助你讓處於痛苦狀態的身體平靜下來。）

1.

2.

3.

你的夥伴可以做哪些事來幫助你緩和受到威脅的感覺？

（重點同樣是你的身體。）

1.

2.

3.

困難的溝通會引發不安全感，所以你可以做什麼來緩和你的不安全感，並讓你對關係的連結覺得安心？

1.

2.

3.

你的夥伴可以做或說些什麼，幫助你對關係的連結感到安心？

1.

2.

3.

現在，找時間跟你的夥伴或愛人坐下來，分享你對安全與安全感所學到的內容，並且探討你寫出的清單。下列提示或許能引導你產生一段有益的討論。

- 就你對我的了解，你覺得那些列出的項目能夠安慰我的效果有多少？
- 你有沒有想要加入這些清單的項目？
- 你發現我有反應的時候，願意利用這些項目幫助我嗎？

焦慮依附型的人也可能以有效、良性的方式溝通，而發展這些技巧可以協助你在親近關係中培養並建立信任與安全。

感謝日誌

感謝是建立關係資本的絕佳方式。你和夥伴都會認為值得花時間感謝彼此讓自己過得更好。

列出你感謝關係夥伴的三件事：

1.

2.

3.

列出你感謝自己的三件事：

1.

2.

3.

定期花時間感謝彼此，可以增進友好並協助你們走過困難的時刻。焦慮依附型的人若能聚焦於感謝、理解和接受，並且學習良性溝通，就能夠營造穩固、健全的關係，讓雙方都有安全與安全感。

逃避清單

以下列出許多人所提出的，在關係中會讓人感到壓力的情緒和情況。檢視清單，找出對你有壓力的項目。圈選所有會讓你躲避、退縮、分心、麻木，以及讓你覺得跟身邊的人連結變得較薄弱的項目。如果你認為有清單上未列出的項目，就寫在空格裡。

我有這些感受的時候會覺得有壓力：

惱怒	失望	被批判
焦慮	厭惡	孤獨
羞愧	被打發	渴望／想要
被背叛	嫉妒	被逼到極限
被怪罪	內疚	後悔

有負擔
指責
困惑
輕蔑
被批評
挫敗
被羞辱
心力交瘁
被貶低

無助
丟臉
痛苦
被忽視
不夠好
憤慨
膽怯
無法包容
吃醋

被拒絕
憤恨
悲傷
自我懷疑
被壓迫
不受重視
不舒服
擔憂

我想要/需要這些的時候，會感到有壓力：

支持
安全
認同
平靜/和睦
有組織/有條理
關愛/溫暖
穩定
能被看見/聽見
快樂的連結
安全感
欣賞
一致性
公平/互惠
能被認真看待
免除責任

當一份關係裡需要這些的時候，會對我造成壓力：

自我揭露
提供情緒支持
共同做決定
對協議負責
衝突管理
釐清承諾與協議
正向的儀式和慣例
確定界限
修復傷害
理解我的夥伴
處理其他關係
給予評價或接受回饋

我害怕這些情況，它們會讓我感到有壓力……

失去自主權 ____

被取代

失去自由時間 ____

被遺棄

失去我自己 ____

被排除在外

做得好！你剛找出了會引發逃避依附的各種事件。現在，查看你的選擇，列出最會導致你退縮的三件事。你會在下個練習中處理這三個觸發因素。

1. ____
2. ____
3. ____

逃避的正反兩面

現在，你要處理在前一個練習中所識別出來的，引發退縮或逃避的前三名觸發因素。在以下三個列表的最前方，各寫出一個觸發因素。接著，勾選出你的反應。最後，你會探討這些行為如何協助與傷害你的關係。

1. ________________

發生時，我會……

- □ 退縮
- □ 忽視
- □ 分心／讓自己忙碌
- □ 麻木／離開
- □ 打發自己或其他人
- □ 否認我或其他人的經驗

□正當化／合理化

□用無關的事情來解釋

□睜一隻眼閉一隻眼

□其他：

我做這些事之後，得到了什麼？

我做這些事之後，錯失了什麼？

對於這個觸發因素，什麼反應比較有益？

2.

發生時，我會：

- □退縮
- □忽視
- □分心／讓自己忙碌
- □麻木／離開
- □打發自己或其他人
- □否認我或其他人的經驗
- □正當化／合理化

□ 用無關的事情來解釋

□ 睜一隻眼閉一隻眼

□ 其他：

我做這些事之後，得到了什麼？

我做這些事之後，錯失了什麼？

對於這個觸發因素，什麼反應比較有益？

3.

發生時，我會：

- □退縮
- □忽視
- □分心／讓自己忙碌
- □麻木／離開
- □打發自己或其他人
- □否認我或其他人的經驗
- □正當化／合理化

□用無關的事情來解釋
□睜一隻眼閉一隻眼
□其他：

我做這些事之後，得到了什麼？

我做這些事之後，錯失了什麼？

對於這個觸發因素，什麼反應比較有益？

記住，這些行為全都是習得的。沒有一項是你的錯，但這些行為的後果確實跟你有關。如果你對這些反應的效果覺得滿意，那麼就繼續吧！如果你不再想要這種結果，你是有能力改變那些行為的。

逃避反應對你的影響

回想某次你需要某個特定者的幫助或支持，結果他不在，或是在場卻令你感覺他心不在焉。

是什麼事件？

你記得自己有什麼感覺？

你記得自己有什麼想法？

你的身體對那段經歷有什麼反應？

發揮同理心

這項練習可以幫助你面對那些讓你覺得失望或被辜負的逃避行為。回想生命中的特定時刻，當時你需要某個人，卻覺得對方心不在焉或沒那麼關注你。請選擇一個目前對你不會影響過大的事件。

有一次，某個重要的人讓我覺得孤單的情況是：

相較於他們所做的，我想要他們做的是：

當時的情境對他們造成壓力，因為他們的困難之處是：

我知道這造成了他們的壓力，因為：

＿＿＿＿＿＿＿＿＿＿

＿＿＿＿＿＿＿＿＿＿

＿＿＿＿＿＿＿＿＿＿

＿＿＿＿＿＿＿＿＿＿

他們批判自己，或者認為我批判他們，覺得他們＿＿＿＿＿＿。但實際上，他們還在學習怎麼＿＿＿＿＿＿，而他們不是每次都做得很完美。他們感到難以承受時，可能會＿＿＿＿＿＿。他們的反應是出於本能，並且忘了我有多麼需要他們。

你可以用幾個事件來練習；藉由練習，你會發展出一種即時處理這些事件的方法，而你對逃避型的夥伴也可能更加理解並發展出同理心。

探索需求與要求

現在，我們來探討你在某份關係中覺得並未得到滿足的問題。如果你沒有什麼特別明顯的記憶，就盡可能猜猜看。這麼做的重點是要探索你對那份關係的想法與要求。

當我想起這份關係，覺得不滿意的是：

這份關係能讓我開心的是：

如果我得到想要的，會覺得：

如果我在這個問題上從不為自己辯護，長期下來會如何影響我的這份關係？

評分量表：針對這個問題，我願意付出多少努力堅持立場？（圈選）

非常少　1　2　3　4　5　6　7　8　9　10　全心全力

安全依附與不安全依附的態度

在這項練習中，你有機會挑出自己在關係中做過的決定，探討做出決定的理由是基於安全依附或不安全依附。

填寫你自己的練習單，就從你對一份關係做過的某個決定開始。然後將你對那個決定的想法與感受，寫在適當的欄位裡，也就是安全或不安全的項目。接下來，填寫符合另一個類別的想法和感受，即使是假設的也可以。重點在於練習識別想法與感受來自於安全或不安全的態度。

決定

我的決定是：

不安全的態度	安全的態度

要思考的問題：

1. 什麼條件能幫助你對關係有安全的態度？
2. 什麼條件會引起不安全的態度？

想像衝突中的安全互動

大多數人都會陷入衝突的快節奏中，以至於偶爾會沒注意到對方正在示好。如果錯過這種時刻，爭執就會持續得更久，也會造成更多壓力。

回想你在關係中陷入衝突的時候，情況並不順利，對方也因為恐懼或受傷而做出反應。記住這種感覺：你在反應時經歷到的感受、想法和身體感覺。

對方做了什麼而觸發你的反應？

現在，想像對方不是只感到害怕或受傷，而是能夠客觀思考與感受，也努力要理解你的看法。想像對方最寬容也最富有同情心的樣子。對方平靜地對你說話，看著你的時候眼睛散發溫暖的光芒。

你現在感受如何？

你大概覺得好多了。這就是我們在乎的人認真看待我們所產生的感受。如果是這樣，就讓那種愉快的感覺進入心中。現在，想像你對這種不同的反應表示感激。

為了讓對方繼續以這種方式對待你並與你說話，你會怎麼表示感謝與鼓勵？

看見這份關係的優點

你和夥伴的優點是什麼？當你跟安全依附型的人互動，提醒自己這份關係的優點，對你很有幫助。思考你們各自對這份關係貢獻了什麼，以及你們彼此都有的天賦。如果你目前未處於浪漫關係之中，那就看你想到什麼重要關係，也許對方是父母、兄弟、最好的朋友，或者其他人。

現在你選好了一段特別的關係，接著在「我」的欄位勾選出你對這份關係所貢獻的優點。接著在「我的關係夥伴」欄位，勾選出對方為這份關係帶來貢獻的優點。

你們各自對關係的貢獻方式可能一樣，也可能非常不同。如果不同，請試著承認你偶爾會對夥伴分享技巧和天賦的某些方式感到不太熟悉。如果是這樣，請嘗試對那種新感覺敞開心胸，藉此慢慢接受。

優點	我的關係夥伴	我
誠實		
公平		
願意認真/努力		
同理心		
願意敞開心胸		
值得信賴		
鼓舞人心		
奉獻		
合作		
接受失敗		

提供支持		
在困難時堅忍不拔		
可靠		
始終如一		
能夠以正面方式提出異議		
有趣		
幽默		
願意表達感激與欣賞		
願意犧牲		
其他：		

資源

探討依附和關係的書籍

- *We Do: Saying Yes to a Relationship of Death, True Connection, and Enduring Love*, by Stan Tatkin
- *Attached: The New Science of Adult Attachment and How It Can Help You Find—and Keep—Love*, by Amir Levine and Rachel S. F. Heller
- *Conscious Lesbian Dating and Love: A Roadmap to Finding the Right Partner and Creating the Relationship of Your Dreams*, by Ruth L. Schwartz and Michelle Murrain
- *How to Be an Adult in Relationships: The Five Keys to Mindful Loving*, by David Richo
- *The New Rules of Marriage: What You Need to Know to Make Love Work*, by Terrence Real
- *The Power of Attachment: How to Create Deep and Lasting Intimate Relationships*, by Diane Poole Heller

推薦的練習手冊

- *The Self-Compassion Skills Workbook: A 14-Day Plan to Transform Your Relationship with Yourself*, by Tim Desmond

靜修中心

- Hoffman Process, www.hoffmaninstitute.org
- Wired for Love & Wired for Relationship Retreats, www.thepactinstitute.com

參考資料

- Bowlby, John. *A Secure Base: Parent-Child Attachment and Healthy Human Development*. New York: Basic Books, 1988.
- Fosha, Diana, Daniel J. Siegel, and Marion F. Solomon, eds. *The Healing Power of Emotion: Affective Neuroscience, Development, and Clinical Practice*. New York: Norton, 2009.
- Gottman, John M. *The Marriage Clinic: A Scientifically Based Marital Therapy*. New York: Norton, 1999.
- King, Larry. "Donald and Melania Trump as Newlyweds." *Interview, Larry King Live*, CNN, May 17, 2005. Video, 16:02 https://www.youtube.com/watch?v=q4XfyYFa9yo.
- Nummenmaa, Lauri, Enrico Glerean, Riitta Hari, and Jari K. Hietanen. "Bodily Maps of Emotions," *Proceedings of the National Academy of Science of the United States of America* 111, no. 2 (January 2014): 646-51 https://doi.org/10.1073/pnas.1321664111

- Porges, Stephen. "The Neurophysiology of Trauma, Attachment, Self-Regulation and Emotions: Clinical Applications of the Polyvagal Theory." *Online seminar*, April 8, 2016. Available from https://www.pesi.com/.
- Schore, Judith R., and Allan N. Schore. "Modern Attachment Theory: The Central Role of Affect Regulation in Development and Treatment," *Clinical Social Work Journal 36*, no. 1 (March 2008): 9-20. https://doi:10.1007/S10615-007-0111-7.
- Sroufe, Alan, and Daniel Siegel. "The Verdict Is In: The Case for Attachment Theory," *Psychotherapy Networker 35*, no.2 (March 2011): 35-39.
- Tatkin, Stan. *PACT Training Manual: Module One*. Agoura Hills, CA: PACT Institute, 2016.

致謝

我永遠感謝我的導師兼教師史丹・塔特金，他教導我安全與安全感對處於關係中的人有多麼不可或缺。他出色且極具影響力的研究仍然激勵著我，推動我成爲更好的治療師、作家，以及關係夥伴。

感謝祖先的保佑。我有這一切都要感謝我的母親 Yue Chang Chen 以及我的兄弟 Addison Chen，他們支持我，跟我一起成長，讓我知道家人之間有多麼緊密。

謝謝付出時間提供依附自我評估的每一個人。在我全心專注於截稿期限時，他們實用的新資料正好是我最需要的。少了他們，測驗和這本書都不會是現在的樣貌。非常感謝 Diana Wu、Julio Rios、Tamara Chellam、Alexander Aris、Evan Schloss、Vanessa Diaz、Mona Kim。

最後，我要大力稱讚編輯們幫助我將這部作品分享給更多人。Camille Hayes 讓我有機會寫出第一本書，也讓我使出渾身解數。Lori Handelman 的編輯功力使書中的觀念變得更爲清晰與平衡。兩位編輯的鼓勵都讓我更加相信這本書的價值。

索引

◎**11劃**

◎**12劃**

◎**13劃**

◎**14劃**

◎**15劃以上**

情感依戀關係療法——
找出你的依附類型，改變互動方式，讓你們的關係更有安全感，更親近、更持久

作　　者——安妮・陳（ANNIE CHEN）
譯　　者——彭臨桂
特約編輯——洪禎璐

發 行 人——蘇拾平
總 編 輯——蘇拾平
編 輯 部——王曉瑩、曾志傑
行銷企劃——黃羿潔
業 務 部——王綬晨、邱紹溢、劉文雅

出　　版——本事出版
發　　行——大雁出版基地
地址：新北市新店區北新路三段207-3號5樓
電話：(02) 8913-1005
傳眞：(02) 8913-1056
E-mail：andbooks@andbooks.com.tw
劃撥帳號——19983379　戶名：大雁文化事業股份有限公司
美術設計——POULENC
內頁排版——陳瑜安工作室
印　　刷——上晴彩色印刷製版有限公司
2020 年 10 月初版
2024 年 4 月二版1刷
定價　450元

THE ATTACHMENT THEORY WORKBOOK: POWERFUL TOOLS TO PROMOTE UNDERSTANDING, INCREASE STABILITY, AND BUILD LASTING RELATIONSHIPS
By ANNIE CHEN, LMFT

ISBN 978-626-7074-85-5

國家圖書館出版品預行編目資料
情感依戀關係療法——找出你的依附類型，改變互動方式，讓你們的關係更有安全感，更親近、更持久
安妮・陳（ANNIE CHEN）／著　彭臨桂／譯
---.二版.— 新北市；本事出版　：大雁文化發行，2024 年 4 月
面　；　公分.－
譯自：THE Attachment Theory Workbook：
Powerful Tools to Promote Understanding, Increase Stability & Build Lasting Relationships
ISBN 978-626-7074-85-5（平裝）
1.CST:依附行為　2.CST:人際關係
177.3　　113000928

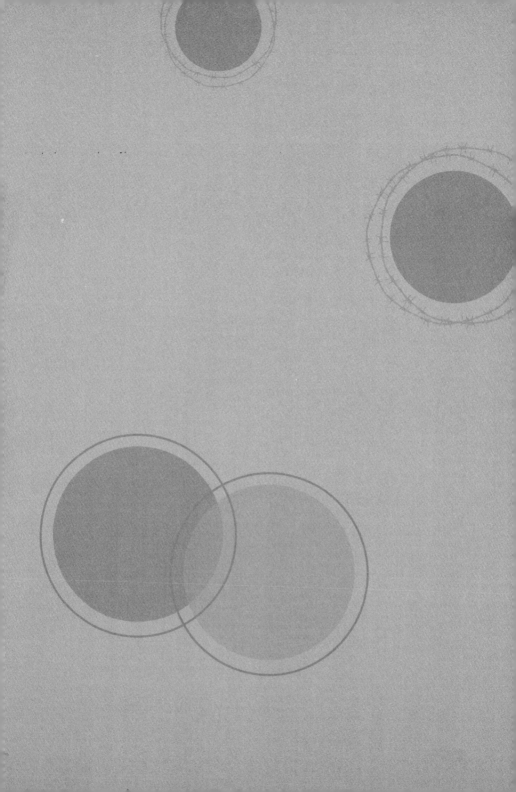